大国外交

本书编写组

人民出版社
新华出版社

责任编辑：崔继新　毕于慧　杜文丽　孔　欢　曹　歌　余　雪
封面设计：周方亚
版式设计：王欢欢
责任校对：马　婕

图书在版编目（CIP）数据

大国外交 / 本书编写组　编 . —北京：人民出版社，新华出版社，2017.10
ISBN 978－7－01－018496－8

I. ①大…　II. ①大…　III. ①外交－工作－成就－中国　IV. ① D820

中国版本图书馆 CIP 数据核字（2017）第 263264 号

大国外交

DAGUO WAIJIAO

本书编写组　编

人民出版社
新华出版社 出版发行
（100706　北京市东城区隆福寺街 99 号）

北京中科印刷有限公司印刷　新华书店经销

2017 年 10 月第 1 版　2017 年 10 月北京第 1 次印刷
开本：710 毫米 ×1000 毫米 1/16　印张：9
字数：86 千字

ISBN 978－7－01－018496－8　定价：23.00 元

邮购地址 100706　北京市东城区隆福寺街 99 号
人民东方图书销售中心　电话（010）65250042　65289539

目　录

第一集

大道之行

第一集《大道之行》完整视频

历史将铭记这一天：2012 年 11 月 15 日，习近平当选中国共产党中央委员会总书记，党的新一届中央领导集体首次亮相。聚光灯下的中国，牵动着世界目光。而此时的中国，又面临一个怎样的世界？

这是一个日新月异的世界：和平与发展仍是时代主题，新科技兴起令人目不暇接，经贸大繁荣、金融大流通、人文大交流达到前所未有的程度，世界日益成为“地球村”。

这是一个风云激荡的世界：国际体系和国际秩序正经历深度调整，和平赤字、发展赤字、治理赤字成为摆在全人类面前的严峻挑战。谋求和平、实现发展的任务更加复杂艰巨，需要更多国家协力推动、携手前行。

身处大发展、大变革、大调整时代，中国，这个拥有 13 亿多人口的世界第二大经济体，已经进入实现民族复兴的关键阶段，正成为影响世界、塑造未来的重要力量，但她的发展也面临诸多挑战，需要更加和平稳定的国际环境。中国将如何抉择、作何贡献？中国将与他国怎样相处，又将致力于推动建设一个怎样的世界呢？

世事纷繁多元应，纵横当有凌云笔。党的十八大以来，以习近平同志为核心的党中央深刻思考并洞察人类前途命运、中国和世界发展大势，紧紧围绕实现“两个一百年”奋斗目标和实现中华民族伟大复兴中国梦，统筹国内国际两个大局，统筹发展安全两件大事，在外交领域提出一系列新理念新思想新战略，引领中国外交锐意进取、攻坚克难，不断开创中国特色大国外交新局面。

习近平：

宇宙浩瀚，星汉灿烂。

70 多亿人共同生活在我们这个星球上，应该守望相助、同舟共济、共同发展。

中国人民追寻实现中华民族伟大复兴的中国梦，也祝愿各国人民能够实现自己的梦想。

仿佛一把钥匙，中国梦为世界感知当代中国开启了一扇大门。让中国梦与世界梦交相辉映，在谋求本国发展的同时促进各国共同发展，习近平为中国梦赋予了世界意义。

五年来，这样的声音，一次次在世界舞台上回响。

习近平：

各国应该共同推动建立以合作共赢为核心的新型国际关系。

习近平：

为了和平，中国将始终坚持走和平发展道路。

习近平：

中国方案是：构建人类命运共同体，实现共赢共享。

习近平：

各方秉持共商、共建、共享原则，让“一带一路”建设更好地造福于各国人民。

这是中国之中国，也是世界之中国。中国前所未有地走近世界舞台中心，前所未有地接近实现中华民族伟大复兴的中国梦，前所未有地具有实现这个目标的能力和信心。这是习近平为当代中国标注的历史新方位，也是新时期中国外交的基准坐标。

外交部长　王毅：

经过几十年的快速发展，中国当然已经是一个响当当的世界大国，但同时我们又是一个发展中国家。更重要的是，我们还是一个坚持共产党领导的社会主义大国。

习近平总书记强调，中国必须有自己特色大国外交，要有鲜明的中国特色、中国风格和中国气派。

以习近平同志为核心的党中央，明确了新形势下对外工作的战略目标和重大使命，坚定中国特色社会主义大国自信，提出构建人类命运共同体的宏伟蓝图，深化以发展全球伙伴关系为目标的全方位外交布局，确立以“一带一路”建设为统领的对外开放新格局，展现捍卫国家主权、安全、发展利益的决心和意志，创新全球治理理念和实践，科学回答了什么是中国特色大国外交、如何开展中国特色大国外交等重大问题，形成了一个内涵丰富、思想深邃、系统完整的科学理论体系。在顶层设计的引领下，波澜壮阔的外交实践，由此铺陈开来。

世界上很少会有如此繁忙的元首专机。

五年来，习近平就是乘坐这架专机，完成28次出访，飞行里程约57万公里，累计时长193天，足迹遍及五大洲、56个国家以及主要国际和区域组织。

这位坚定、亲和、睿智的中国领导人，让世界得以接近中国、读懂中国，更加深切体会到一个大国迈向复兴的梦想与执着、兼济天下的智慧与担当。

这条纵横寰宇的外交轨迹，穿越世界风云变幻，编织遍布全球的“朋友圈”，实现了对大国、周边和发展中国家伙伴关系的全覆盖。

积极运筹大国关系，携手共促世界和平发展。推动中俄全面战略协作伙伴关系不断迈向更高水平；推动新时期中美关系持续健康稳定向前发展；共同建设中欧和平、增长、改革、文明四大伙伴关系；携手打造金砖国家新的“金色十年”。

秉持“亲、诚、惠、容”周边外交理念，让周边命运共同体理念落地生根。中国与东盟国家关系站上更高起点，正式启动澜沧江—湄公河合作机制；重新启动中日韩合作；与南亚国家合作显著增强；同中亚国家实现战略伙伴关系全覆盖；推动上海合作组织发展进入新阶段。

同发展中国家守望相助，共同进步。提出“真、实、亲、诚”的对非工作方针和中非“十大合作计划”，确立中非全面战略合作伙伴关系新定位；共同打造中拉关系“五位一体”新格局；同阿拉伯国家致力于构建战略合作关系；同太平洋建交岛国建立战略伙伴关系，实现同发展中国家整体合作机制全覆盖。

习近平：

中国将积极参与全球治理体系建设，努力为完善全球治理贡献中国智慧，同世界各国人民一道，推动国际秩序和全球治理体系朝着更加公正合理方向发展。

随着国际力量对比深刻变化和全球性问题日益突出，全球治理体系变革成为大势所趋。习近平高度重视全球治理问题，一年内两度就此主持中央政治局集体学习，为我国深入参与全球治理作出顶层设计和行动规划。

理念决定方向，思想决定行动。五年来，中国积极参与全球治理，留下无数精彩瞬间。

难忘亚太经合组织领导人北京会议，燕山脚下鸿雁展翅，引领亚太区域合作飞向辽阔天空。

难忘二十国集团领导人杭州峰会，钱塘江上勇立潮头，推动 G20 向长效治理机制转型，取得一系列开创性、引领性、机制性成果。

难忘达沃斯世界经济论坛年会掌声如潮。习近平倡导经济全球化向开放、包容、普惠、平衡、共赢方向发展，赢得国际社会广泛赞誉。

难忘“一带一路”国际合作高峰论坛，全球盛会应者云集。开放的中国为联动发展凝聚合力，为完善全球治理贡献智慧。

这是习近平繁忙的一天，也是中国外交砥砺前行的缩影。五年来，习近平向世界全面阐述中国的安全观、发展观、全球治理观等思想理念，积极引导国际治理体系变革。中国推动成立亚洲基础设施投资银行、丝路基金、金砖国家新开发银行，促进国际经济治理体系向着更加公正合理方向发展。经世致用的中国方案，极大提升了中国的国际影响力与感召力，世界从未如此渴望听到中国声音，如此期盼从中国智慧中找到答案。

习近平：

中国人民不信邪也不怕邪，不惹事也不怕事，任何外国不要指望我们会拿自己的核心利益做交易，不要指望我们会吞下损害我国主权、安全、发展利益的苦果。

这正义凛然、掷地有声的中国声音，令无数人为之振奋。坚决维护国家利益，捍卫世界和平，是一个世界大国坚如磐石的意志和决心，也是中国外交一以贯之的使命和追求。

大事难事看担当，逆境顺境看胸襟。在钓鱼岛问题上坚持原则，捍卫国家领土主权；对所谓南海仲裁案坚决回击，维护了南海局势总体稳定；践行“外交为民”宗旨，从也门、尼泊尔、南苏丹等国成功撤回受困同胞……在涉及核心利益问题上敢于亮剑、勇于担当，是党的十八大以来中国外交的鲜明特点。

世界并不太平，和平需要守护。在2015年“9·3”胜利日阅兵式上发出时代强音：

习近平：

正义必胜！和平必胜！人民必胜！

面对国际和地区热点问题，发挥弥合分歧、劝和促谈的建设性作用。中国用实际行动表明，中国始终是世界和平的建设者、全球发展的贡献者、国际秩序的维护者。

习近平：

这是一项造福沿途各国人民的大事业。

2013 年，习近平提出建设“一带一路”的重大倡议。

四年来，“一带一路”建设逐渐从理念转化为行动，从愿景转变为现实，成为各方合作共赢、广受欢迎的全球公共产品。中国确立了以“一带一路”建设为统领的对外开放新格局。“一带一路”源自中国，但属于世界。

一个重情讲义的人，必能为众人所爱戴；一个心怀天下的人，必将得到世界尊重。五年来，习近平所到之处，无不掀起一阵魅力旋风，许多往访国用最高规格甚至超高规格接待这位中国贵宾。

外交部部长助理　秦刚：

德国人以精准闻名。当习主席抵达机场、步出专机机舱的那一刻，德方的战机恰好掠过机场的上空，向习主席致意。

值得一提的是，默克尔总理的丈夫绍尔先生平时很少在公众场合露面，但是习主席两次对德国进行国事访问，绍尔教授都陪同出席有关的活动。

一次次破例破格的安排，展现着世界对中国领导人的尊重。

因为习近平的到来，柬埔寨王宫外广场首次摆放外国领导人的巨幅画像。俄罗斯国防部和作战指挥中心首次向外国元首打开大门。英国王室用皇家马车迎请习近平夫妇进入白金汉宫。法国打破常规在荣军院举行盛大欢迎仪式。

外交部部长助理　秦刚：

礼宾是政治的体现，也是国与国关系的晴雨表。各国给予习主席的高规格特殊礼遇，是对中国大国地位的高度认可和对习主席大国领袖风范的崇高敬佩。作为中国人，每看到这些场景，从中都能深切感受到我们国家发展昌盛带来的荣耀，对我们的国家，对中华民族的荣誉感和自豪感不禁油然而生。

历史关口，时代潮头，中国理念正引发世界前所未有的共鸣。正是在这样的共鸣中，中国特色大国外交谱写出具有空前引领力、凝聚力、感召力的新篇章。

究竟是什么铸造了今天的中国？这是中国在对外交往中收到的最多问询。而在国际交往中旗帜鲜明地宣介自己选择的社会制度、发展道路和价值理念，是中国外交的重要使命，是中国外交对提升国家软实力的重要实践。

两年多来，《习近平谈治国理政》一书以 21 个语种、642 万册发行量覆盖世界 160 多个国家和地区，是当今世界最有影响力的领导人著作之一。

中国外文出版发行事业局局长　张福海：

洪森首相当时带了五个副首相，还有将近 20 位正部长，还有很多的副部长，一共 800 多人出席这样的一个首发仪式，而且他直接在他的“脸书”上直播这样的一个首发式的过程。

从东方到西方，从发展中国家到发达国家，从各国领导人到各界民众，对《习近平谈治国理政》一书好评如潮，将其视为经典。

2015年博鳌亚洲论坛期间，法国前总理拉法兰特意请习近平在自己仔细研读过的那本《习近平谈治国理政》上签了名。

法国前总理　让—皮埃尔·拉法兰：

对我来说，这本书确实指明了创新、进步和现代化的方向。

阿尔布劳，因研究经济全球化理论而享誉国际。如今，在他的书桌上，总是放着一本《习近平谈治国理政》。

英国社会科学院院士　马丁·阿尔布劳：

习主席更加公开地向世界展示着中国形象。

在阿尔布劳看来，习近平不仅着眼于分享中国成功经验，更为全球化理论作出重要贡献。

英国社会科学院院士　马丁·阿尔布劳：

在这里，我想读一小段。他说……

习近平：

当今世界，人类生活在不同文化、种族、肤色、宗教和不同社会制度所组成的世界里，各国人民形成了你中有我、我中有你的命运共同体。

作为中国外交的重要组成部分，在与160多个国家600多个政党和政治组织交往合作中，党际交流也为治国理政经验分享搭建了桥梁。

中共中央对外联络部部长　宋涛：

越来越多的政党、政要希望了解中国共产党如何领导中国实现快速发展并取得巨大成就的经验，找到破解自身发展难题和全球性挑战的“钥匙”。

俄罗斯统一俄罗斯党最高委员会主席　鲍里斯·格雷兹洛夫：

这些经验涉及中国政府组织、执行、立法、执法等部门的工作，以及干部培养等等，这是我们应该借鉴的。

阿根廷共和国方案党主席　斯齐亚沃尼：

我对中国所取得的进步印象深刻，对中国的政治体制印象深刻，对中国人民的力量和朝气印象深刻，他们正引领世界许多国家发展。

合作共赢、共谋发展的中国理念，正在全球范围收获越来越多的共鸣，产生越来越强的凝聚力。

习近平：

中国发展得益于国际社会，中国也为全球发展作出了贡献。中国将继续奉行互利共赢的开放战略，将自身发展机遇同世界各国分享，欢迎各国搭乘中国发展的顺风车。

从亚洲到欧洲，从非洲到大洋洲、美洲，中国领导人走到哪里，都积极推动“中国制造”与世界的联通。

近五年来，中国对世界经济增长的贡献率保持在30%左右，中国创造惠及世界，对外投资显著跃升，消费市场不断扩大，国际合作日益深化。

未来五年，中国还将进口8万亿美元的商品，吸收6000亿美元的外来投资，中国对外投资总额将达到 7500 亿美元，出境旅游将达到 7 亿人次。中国将与世界各国共同发展，创造更多机遇。

从国与国的相交，到人与人的往来，中国也与世界共同讲述着一个又一个生动鲜活的共赢故事。

“一起走，才能赢”，越来越多的中国企业在对外互利合作中实践着这样的发展信条，也深深征服了越来越多的外国合作伙伴。

肯尼亚广告商　姆瓦莱：

当他们成长时，他们握住了我的手，现在我们的双手紧握在一起。

姆瓦莱是肯尼亚知名广告商。八年前，他背着包在内罗毕街头发广告时，认识了同样背着包推销手机的王翀。当时，王翀刚被传音公司派到肯尼亚开拓新市场。两双手握在一起，两家企业的命运也从此交织在一起。

如今，这个中国品牌已经占据非洲约三分之一的手机市场，特殊设计保证深色皮肤可以拍出理想自拍照，深受非洲消费者喜爱。而姆瓦莱的公司也跻身肯尼亚广告行业前十名，业务已经拓展到其他非洲国家。

过去一年，姆瓦莱花了 80 万美元在中国网站购买设备和材料，如今工厂里 90%的设备都是中国制造。

肯尼亚广告商　姆瓦莱：

我们共同成长了，传音现在发展到这个高度了，我的公司也是，所以我认为这是一种双赢。

分享发展经验，以自身发展带动更多发展，也是中国与世界携手共赢的应有之义。

习近平：

中国将设立南南合作与发展学院。

一年之后，南南合作与发展学院迎来了第一届学生，他们来自 27 个国家，原本在各自国家担任政府要职，这次来华，是为了探寻中国发展奇迹的奥秘。

南南合作与发展学院院长　林毅夫：

在一年当中他们学习都非常认真，非常想去了解中国的成功能给他们国家带来哪些启发。

乌克兰经济发展与贸易部司长　叶琳娜·巴尔别科娃：

“摸着石头过河”。在第一学期，几乎每个教授在每门课中，都给我们讲过这种渐进的方法。

埃塞俄比亚总理办公室副主任　德斯塔·特斯法：

要先试点，再全面推开，这是非常有用的经验。

在引领中国外交的新实践中，习近平也总是身体力行推动人文交流与合作。

习近平：

中方将为非洲一万个村落实施收看卫星电视项目。

永博，坦桑尼亚的一个小村落。姆盖尼一家生活贫苦，全家人的梦想就是有一天能在自己家里看上电视。但在当地，数字电视费用高昂，是富人才能享有的奢侈品。

今天，她的梦想实现了。一家中国企业为她家接通了数字电视信号。以后她每个月只需付很少的钱，就能收看到20多个本地和国际频道。

永博村村民　谢迈尼·姆盖尼：

我想（通过电视）知道其他国家的情况，他们是如何生活的，和我们有什么区别。

通过电视荧屏，非洲观众可以了解当今世界，包括一个与世界日益交融的中国。

习近平：

中国电视剧《媳妇的美好时代》在坦桑尼亚热播，这也使坦桑尼亚观众了解到中国老百姓家庭生活的酸甜苦辣。

这些中国影视作品，让外国观众直观地了解到一个真实、多元的中国，常常成为中国领导人手中的“文化国礼”。

习近平：

这是我们中国的一些电影、电视片，送给孩子们。这些光盘翻译成西班牙文了，你们可以看一看，了解了解中国。下一次见到你呢，希望我们能用中文来交流。

共和国庄园农场主　莫内塔：

（你）告诉习主席，我下次就可以和您用中文对话啦！

尚和合、求大同，中华文化正展现出越来越强的感召力，也是中国外交厚积薄发的力量之源。

国之交在于民相亲，民相亲在于心相通。这位深爱中华文化的领导人，正是中国在国际舞台上的最佳“文化代言人”。

德国汉学家代表：

当代的中国活力四射，有时候超出我们的理解。

习近平：

我作为国家主席，有一些老前辈就跟我讲，作为中国的领导人要干什么呢，就是不要把中国五千年的文明文化搞丢了，还应该在你们手里传承下去。

有一些国家的政治家们滔滔不绝，我就问了一句话。我说，请问你去过中国几次？他说，很遗憾，我一次也没去过。我说，请问你还去过亚洲的什么国家？（他说）很遗憾我现在亚洲都没有到过。我说，我非常佩服你的这种自信心，我对于我没有去过的地方，我是不敢发表意见，因为我不了解它。

由于难以简单地概括中国，这也正是中国文化的魅力所在。

中国也搭建起更多平台，邀请世界各地汉学家来华交流。自2013年起，通过“汉学与当代中国”座谈会和“青年汉学家研修计划”，60多个国家、300多名汉学家走进当代中国，深入了解中国。荷兰姑娘棵小曼就是其中一员。

荷兰青年汉学家　棵小曼：

现在汉学家越来越多，因为我觉得世界上每一个国家的人，现在都明白，中国在世界的角色越来越重要。

为了让更多的人了解中国，小曼创办了一个网站，名叫“微博上有什么”，专门关注中国的热点话题，现在月均点击量已超过20万。

荷兰青年汉学家　棵小曼：

我真的希望我可以成为一个西方人了解中国文化的窗口。

“中国热”所引发的共鸣，不分地域、跨越年龄。

中国馆、“感知中国”等文化项目，让中华文化从唐人街真正走进万千民心，比以往更自信、更亲和、更富生命力。

“欢乐春节”“四海同春”等文化活动，让春节成为各国民众广泛参与的节日，为世界了解并爱上中华文化打开了一扇窗。文化纽带，将中国与世界的命运联系得更加紧密。

联合国秘书长　古特雷斯：

新年快乐！

联合国教科文组织总干事　博科娃：

新年快乐！

英国首相　特雷莎·梅：

新年快乐！

新西兰总理　英格利希：

恭喜发财！

澳大利亚总理　特恩布尔：

鸡年大吉！

习近平：

文明因交流而多彩，文明因互鉴而丰富。文明交流互鉴，是推动人类文明进步和世界和平发展的重要动力。

党的十八大以来，以习近平同志为核心的党中央，将人民置于最高位置。坚持一切为了人民、一切依靠人民，也是中国外交的“初心”。

带着对和平与发展的渴望，对美好生活的向往，中国与世界的纽带从未如此紧密，而人民之间的交往也是国家关系发展的基础。

从童话世界舍夫沙万，到浪漫之都卡萨布兰卡，从“红色之城”马拉喀什，到千年古城非斯，曾经签证难办的“北非花园”摩洛哥，如今处处可见中国游客的身影。

人们或许想不到，这是中国领导人亲自促成的外交成果。2016 年 5 月 11 日，应中国国家主席习近平邀请，摩洛哥国王穆罕默德六世对中国进行国事访问。

习近平：

福建的泉州市在 14 世纪的时候是中摩交往的一个先驱。那里是贵国大旅行家伊本·白图泰在中国的第一站。

习近平提到的伊本·白图泰是中世纪旅行家，曾周游世界并到访中国。他的游记向当时的人们描绘了中国这个“神秘”的东方大国。

习近平的一席话拉近了两个国家的距离。这次会谈不仅增进了相互了解，更促成了十几项双边合作文件的签署，其中就包括签证便利化和旅游合作。

五年来，习近平遍访世界，不断拉近中国与世界的距离。他曾幽默地表示，每次用这么多时间出访很“奢侈”，但很有必要。

时任澳大利亚总理　阿博特：

议长女士，主席先生，今天是有历史意义且值得纪念的一天。事实上，这位中国领导人在我们国家去过的地方，比大多数澳大利亚人还要多。

习近平：

这是我第五次踏上这片古老而又充满活力的澳洲大陆。明天我将去塔斯马尼亚州，这样我将走遍澳大利亚所有的州，我对澳大利亚的认知就可以更加的丰富全面。不知道有没有发一个证书给我。

虽然每一次出访时间都很紧张，但习近平还是愿意挤出时间走访更多地方、安排更多会见、参加更多活动，这使得他的日程安排常常要精确到分钟。

外交部翻译　周宇：

他确实经常吃不上饭。有一次完全没有时间吃晚饭。主席的警卫员趁着从一场双边（活动）到另一场双边（活动），就塞了一盒饼干给我，说你待会到车上让主席吃几块垫补一下，别太饿着了。

行程再紧张，工作再繁忙，习近平也高度重视中外人员往来便利的工作。

外交部党委书记　张业遂：

2013 年以来，习总书记就这个问题亲自做外国领导人工作达 96 次，取得了很好的效果，应该说大大便利了中国公民走出国门。

中国公民享受到实实在在的便利。截至 2017 年 7 月，已有 131 个国家与我国缔结各类互免签证协定，中国公民持普通因私护照可以免签或落地签前往 64 个国家和地区。

一本中国护照，能助你走向世界，也要护你平安回家。

24 小时畅通的“12308”热线，在意大利景区联合巡逻的中国警察，一项又一项保护工作越来越细致周到，让老百姓出行心里越来越踏实。而越是危急关头，身在海外的中国公民越能切身感受到，祖国就在身边。

2015 年年初，也门安全局势突然恶化，战火迅速蔓延。600 多名中国公民受困也门。撤离，刻不容缓。

习近平果断命令，中国海军护航编队即刻前往撤侨！这是我国第一次动用军舰来执行撤侨的任务。

2015 年 3 月 26 日，撤侨工作全面展开，正在执行护航任务的三艘中国军舰驶向也门亚丁港。

中国驻也门大使　田琦：

我们今天特别安排，紧急撤离也门。

3 月 29 日，第一批 122 名受困同胞平安抵达亚丁港，见到了接他们回家的中国军舰。

获救中国公民　邓令令：

当时就觉得，我们真的是回家，确实是有希望的。

获救中国公民：

共产党万岁！祖国万岁！

同一天，第一批受困同胞搭乘临沂舰抵达吉布提，随后迅速经埃塞俄比亚飞回北京。9 天内，629 名受困同胞被全部安全撤离。

据国际移民组织统计，当时约 16000 多人受困也门，38 个国家和地区请求协助撤离本国公民。战火纷飞中，中国政府也向他们伸出援手。

中国军舰先后撤离了来自巴基斯坦、印度、埃塞俄比亚、埃及、新加坡、意大利、英国、比利时等 15 个国家的 279 名外国公民。

在“中国方舟”上，人们亲如一家，共渡难关。

获救斯里兰卡公民：

感谢中国为我们所做的一切，我们永远不会忘记。相信这也是在场所有人的感觉。

中国的这次撤离行动赢得了世界各国的高度赞扬，也受到了各国媒体的高度关注。

五年来，中国成功组织 9 次海外公民撤离行动，处理 100 多起中国公民在境外遭遇绑架或袭击案件，受理各类领事保护救助案件近 30 万起。无论身在何处，只要背靠祖国，就会心中有底。这是一个践行“外交为民”的大国带给自己公民的自豪与自信。

习近平：

中国人历来主张“世界大同，天下一家”。中国人民不仅希望自己过得好，也希望各国人民过得好。

世界好，中国才能好。中国好，世界才更好。中国将继续做国际形势的稳定锚，世界增长的发动机，和平发展的正能量，全球治理的新动力。

外交部长　王毅：

在以习近平同志为核心的党中央坚强领导下，五年来，中国外交开拓进取，砥砺前行，成功地走出了一条中国特色大国外交之路。中国，正在以一种与传统大国不同的方式，更加自信、更加开放地走近世界舞台中心，在为自身发展营造有利外部环境的同时，也在为世界的和平与发展、人类的繁荣与进步作出越来越重要的贡献。

在新的历史起点上，中国有决心也有能力实现民族复兴的伟大梦想，有决心也有能力与世界各国一道，开创繁荣美好的未来！

天下为公，人间正道！

中外民众：

我们的祖国是一个负责任、敢担当的大国！

大家加油，一起努力！

中国真棒！

中国，你好！

国家好，我们更好！

第二集

众行致远

第二集《众行致远》完整视频

2013 年 3 月 14 日，习近平当选中华人民共和国主席、中华人民共和国中央军事委员会主席。

新的历史时期，国际体系和国际秩序正经历深度调整，中国与世界的关系正发生深刻变化，同国际社会的互联互动变得空前紧密。

世事如棋。置身新的时空坐标，中国外交如何布局？面对复杂多变的国际、周边局势，中国将如何处理同各方关系，如何维护和延长发展的重要战略机遇期？

开局落子，往往是经过深思熟虑的，有着重要标志性意义。2013 年 3 月 18 日，中国外交部宣布，国家主席习近平将进行首次出访，首站——俄罗斯。

距离中国国家领导人办公地中南海 6 公里，有一家莫斯科餐厅。悠扬的俄罗斯音乐、其乐融融的亲友聚会，这样的情景每天都在上演。

山水相连、毗邻而居，中俄关系源远流长。在中国，有很多承载两国传统友谊的历史印记。

长期以来，中俄都将对方视为本国外交的优先方向。今天，这两个主要大国，面对国际格局深刻变迁将如何展开新的互动？新时期两国元首的首次会晤将传递出怎样的信号？全世界都在屏息观望。

俄罗斯马队仪仗队首次在克里姆林宫列队欢迎外国元首，国防部和作战指挥中心首次向一位外国元首敞开大门，中俄两国最高领导人会谈、交流的时间前后长达 8 小时……周到特殊的接待安排，是一种尊重，更是一种信任，折射出中俄关系的高水平和特殊性。

此访期间，双方共签署 32 项合作文件，数额大、期限长，被称为“世纪合同”。务实合作，深化了中俄全面战略协作伙伴关系的内涵，而两位领导人之间坦诚投契的交流，则进一步明确了中俄关系发展的大方向。

俄罗斯外交部外交学院院长　叶夫根尼・巴扎诺夫：

我们都希望生活在多极化的世界，而不是西方控制的世界，这一点促进了我们的多方面合作。

2013 年 3 月 23 日上午，莫斯科国际关系学院会议厅座无虚席。正在对俄罗斯进行国事访问的习近平在这里发表演讲，创造性地提出以合作共赢为核心的新型国际关系理念。

外交学院院长　秦亚青：

西方国际关系理论，一个基本理念就是现实主义，第一个实力最重要，第二个就是利益至上。

新型国际关系理念超越了美国等西方国家传统国际关系理论框架，主张摒弃以对立和对抗为出发点的权力制衡，倡导的是以和平与发展为出发点的合作共赢。这是有着悠久历史与和平传统的中华民族就“国与国如何相处”作出的重大理论贡献。

理念是行动的先导。新型国际关系理念的提出，为中国处理同包括俄罗斯在内世界各国之间的关系明确了方向。

2013 年秋，习近平出访哈萨克斯坦和印度尼西亚期间，先后提出共建丝绸之路经济带和 21 世纪海上丝绸之路，二者共同构成了“一带一路”倡议。

丝绸之路经济带途经欧亚地区。俄罗斯此前也针对这一地区提出了一个区域经济一体化计划——欧亚经济联盟。二者之间如何协调，成为中俄关系发展的一个重要侧面。

2014 年 2 月上旬，时值中国马年春节，习近平应俄罗斯总统普京邀请，赴俄出席索契冬奥会开幕式。

习近平：

中国人讲，邻居家有喜事，都应该前来道贺。

利用这次“体育外交”的机会，习近平还开展了一项重要工作，就是向普京介绍“一带一路”倡议。

俄罗斯联邦政府分析中心主任首席顾问　列昂尼德·格里戈里耶夫：

目前，我们所建立的经济联盟，有着与中国不同的策略和不同的立足点，丝绸之路经济带才刚刚起步，一切都要看未来。

2015 年 5 月，习近平再次应邀赴俄，出席俄罗斯纪念卫国战争胜利 70 周年庆典并访问俄罗斯。

此访期间，两国元首共同签署《关于丝绸之路经济带建设和欧亚经济联盟建设对接合作的联合声明》，成为“一带一路”倡议在欧亚大陆上取得的一个重大进展。中俄之间这一战略共识，也得到欧亚经济联盟其他成员国积极响应和支持。

2017 年 5 月，普京来华出席“一带一路”国际合作高峰论坛。两个月后，习近平再次对俄罗斯进行国事访问，两国元首对中俄关系发展作出了全面规划。

俄罗斯总统　普京：

习近平主席本人非常重视俄中关系的发展。他是很好的朋友、非常可靠的伙伴。

五年来，两国元首在各种场合会晤 20 余次，频繁的互动、深厚的友谊，引领两国关系进入历史最好时期。

同为联合国安理会常任理事国，中俄携手合作、相互支持，在国际和地区事务中密切协作，共同推动国际秩序朝着更加公正合理的方向发展，对维护国际平衡和战略稳定发挥着越来越重要的压舱石作用。

不结盟、不对抗、不针对第三方，中俄关系的发展已经成为构建新型国际关系的成功典范。

作为中国申冬奥形象大使，中国冰球运动员宋安东开始进入大众视野。2015 年，宋安东入选美国纽约岛人队，成为北美职业冰球联盟近百年历史上首位中国球员。

中国冰球运动员　宋安东：

刚开始来的时候，他们也没见过中国孩子打冰球，他们都不知道中国有人打（冰）球。

美国国家冰球队副队长　瑞恩·苏特：

我认为宋安东就是“中国冰球界的姚明”。

北美职业冰球联赛，世界顶级冰球赛事。宋安东之前，从未有中国人来到这里，跻身美国体育的这一传统领域。

从 21 世纪第二个十年起，美国也开始面临一个新的现实，那就是中国跃居为世界第二大经济体并持续迅猛发展。

新兴大国与守成大国之间难免发生冲突对抗，这就是西方现实主义理论家们所谓的“修昔底德陷阱”。中美两国如何打破这一“魔咒”？跨越“修昔底德陷阱”，有没有一条现实可行的路径呢？

2016 年 11 月，特朗普当选美国总统。在当时许多人看来，这给本已错综复杂的中美关系增添了新的不确定因素。

正当国际社会揣测新时期中美关系未来走向时，习近平决定应邀赴美与美国总统特朗普举行会晤。

美国佛罗里达州海湖庄园，举世瞩目的首次“习特会”，于 2017 年 4 月 6 日至 7 日在这里举行。

美国卡内基国际和平基金会副会长　包道格：

习先生和特朗普先生都有很强的个性。

美国亚洲协会政策研究所所长　陆克文：

双方面临两个重大挑战：一是双边经济关系特别是贸易问

题，二是安全关系问题。

美国卡内基国际和平基金会副会长　包道格：

习先生更加自信，处理这些事情时游刃有余，无论是敏感话题还是不那么敏感的话题，他都能周旋有度。

中国问题专家　罗伯特·库恩：

很明显，特朗普总统非常喜欢同习主席的这种坦率而深入的交流。

两天时间里，特朗普几乎是“全家总动员”，祖孙三代参与接待习近平和夫人彭丽媛。

外交部部长助理　秦刚：

会晤当天的下午，在习主席抵达海湖庄园前半个小时，特朗普总统带着女儿伊万卡、女婿库什纳早早地来到客厅等候，他还亲自检查客厅的布置。对不满意的地方，特朗普总统立即命令工作人员进行调整，他本人甚至亲自上手。

两天时间里，习近平和特朗普进行了7个多小时的深入交流，为两国关系发展奠定了建设性基调。双方宣布建立外交安全对话、全面经济对话、执法及网络安全对话、社会和人文对话四个高级别对话机制。

外交部党委书记　张业遂：

习主席说过，双方有一千条理由把中美关系搞好，没有一条理由把中美关系搞坏。这次会晤实际上是两国元首的一次战略沟通，增进了战略互信，起到了战略引领的作用。

海湖庄园会晤之后，特朗普更是在多个场合表达对习近平的敬重，对会晤成果“十分满意”。

中国问题专家　罗伯特·库恩：

显然，习主席对特朗普总统产生了影响。

相互理解与尊重，往往要以坦诚交流、充分沟通为基础。

习近平：

华山，这是我家乡的山。

道古论今、巧用典故，习近平利用多个场合，以形象的表达，阐释中国的“和”“合”思想。为习近平做英文翻译的孙宁能举出很多例子。

外交部翻译　孙宁：

习主席他讲了明朝的郑和的故事，郑和当时下西洋，率领的是世界上最强大的舰队，但是呢，他去不是要去占领别人的土地，而是说给别人送去了像丝绸、茶叶，去促进中国和那些国家人民之间的友好交往。

五年来，习近平作为中国“首席外交官”，将热爱和平、谋求共赢的负责任大国形象传递到世界各地。

这几年，在美国学习和训练的宋安东，也见证了美国民众进一步了解中国的过程。

中美相互依存的现状、两国关系的错综复杂，也引起了宋安东的研究兴趣。如今，他已被美国康奈尔大学录取，将学习中美关系专业。

中国冰球运动员　宋安东：

中国和美国现在有很多特别复杂的关系，我觉得特别有意思。

宋安东和他在美国的冰球伙伴，2022 年北京冬奥会上很可能成为对手，但这并不妨碍他们一直保持友好情谊。

而竞争与合作，也正是中美关系这枚硬币的两个面。关键在于，如何把握二者之间的平衡。2015 年 9 月 22 日，习近平在美国西雅图发表演讲，对“修昔底德陷阱”论调作出直接回应。

习近平：

世界上本无“修昔底德陷阱”，但大国之间一再发生战略误判，就可能自己给自己造成“修昔底德陷阱”。

我们愿同美方加深对彼此战略走向、发展道路的了解，多一些理解、少一些隔阂，多一些信任、少一些猜忌，防止战略误解误判。

习近平与特朗普海湖庄园会晤后仅一个月时间，中美双方宣布，已就经济合作百日计划早期收获达成 10 项共识，涉及农业、金融、能源等多个领域；2017 年 6 月，首轮中美外交安全对话在华盛顿举行；7 月，首轮中美全面经济对话举行。

“宽广的太平洋有足够空间容纳中美两个大国。”习近平提出的不冲突不对抗、相互尊重、合作共赢原则，为中美跨越“修昔底德陷阱”，实现两国关系健康稳定发展标注出明确方向。中美之间开展“跨越太平洋的合作”，既是两国人民之福，也是地区与世界之幸。

“中国是一头沉睡的狮子，当这头狮子醒来时，世界都会为之发抖。”随着近年来中国经济的迅猛发展，这种“醒狮论”在欧洲变得颇有市场。中欧之间进一步加强沟通交流，显得尤为迫切。

2014年3月31日，习近平到访欧盟总部，这是中欧建交以来中国国家元首对欧盟总部的首次访问。访问期间，习近平以“桥”为喻，全面阐释中国对欧政策。

习近平：

我们要共同努力建造和平、增长、改革、文明四座桥梁，建设更具全球影响力的中欧全面战略伙伴关系。

高密度、快节奏，11天里，习近平到访四个国家、两个国际组织，出席一场峰会，正式活动总计84场。

外交部部长助理　秦刚：

习主席每次出访，日程安排都是异常地繁忙、紧张，往往是多、双边活动相互交织，一场连着一场。基本上每天都要有八九场活动。习主席经常是一大早就离开饭店开始活动，晚上很晚才能回到饭店，强度很大。

从柏林、巴黎到伦敦，从临近北极圈的芬兰赫尔辛基，到爱琴海畔的希腊罗德岛……随着习近平到访的脚步，中欧关系史新的画卷，正在徐徐展开。

高层交往，提升关系定位，拓展合作空间，对接利益契合点。中德两国，不再局限于经济伙伴，更是政治和战略合作伙伴；中法之间，传承半个世纪前破冰建交的勇气，开创全面战略伙伴关系新时代；中英关系，开启通往“黄金时代”的大门，树起一座新的里程碑……

作为中欧合作重要组成部分，中国与中东欧16国的合作同时也在稳步推进。从北京到捷克，从塞尔维亚到波兰，习近平积极推动实现“16+1合作”同“一带一路”建设和中欧关系发展对接，谋求中国和中东欧国家的共同发展、共同繁荣。

2015年12月25日，首个由中国倡议设立的多边金融机构——亚洲基础设施投资银行在北京正式成立，成为对既有国际金融体系的有益补充。

英国48家集团俱乐部主席　斯蒂芬·佩里：

（一开始）英国、美国和欧洲其他地区有人担心，亚洲基础设施投资银行可能试图取代亚洲开发银行——亚洲的布雷顿森林体系。

中国倡导成立亚投行，得到英国等欧洲各国纷纷响应。在亚投行57个创始成员国中，欧洲国家就有18个，占比将近三分之一。有分析人士说，这是中欧合作共赢的新成果。

习近平：

中国这头狮子已经醒了，但这是一只和平的、可亲的、文明的狮子。

这一中国版“醒狮论”，加深了欧洲对中国的认识与了解。

互信不断增强，合作持续升级。作为当今世界两大力量、两大市场、两大文明，中欧关系发展，对推动国际力量平衡、促进世界和平与发展正发挥着日益重要的战略性、示范性作用。

中国是世界上邻国最多的国家之一，周边对中国具有极为重要的战略意义。近年来，尽管周边安全形势总体平稳，但海上争端、地缘政治新挑战等仍然存在。

新加坡国立大学东亚研究所所长　郑永年：

中国的崛起，周边国家有的感觉到所谓的受威胁了、不安全了、不确定性了……

2013 年 10 月，新中国成立以来首次周边外交工作座谈会在京召开，习近平在会上提出“亲、诚、惠、容”的周边外交理念，明确了解决周边外交面临的重大问题的工作思路和实施方案。

一直以来，东盟都是中国周边外交的优先方向。

2013 年 10 月 3 日，习近平在印尼国会发表演讲，倡议携手建设更为紧密的中国—东盟命运共同体，倡导共建 21 世纪海上丝绸之路。

五年来，创立澜沧江—湄公河合作机制，打造中国—东盟自贸区升级版，中国与东盟友好合作不断走深走实。

中国与许多邻邦的友好关系，都有着深厚的历史积淀。东盟重要成员柬埔寨，就是一例。

中柬友谊，历久弥坚。当一方维护自身正当合法权益时，另一方总能秉持公道，为对方提供坚定支持。

2016 年 7 月，东盟外长会议上，个别国家企图将所谓“南海仲裁案”结果写入会议联合公报，最终因柬埔寨等国仗义执言、强烈反对，未能得逞。

英国广播公司对相关事件进行报道，称之为“中国外交的一次胜利”。

“肝胆相照的好朋友”“情同手足的好邻居”，在当地主流报纸《柬埔寨之光》发表的署名文章中，习近平这样形容中柬友好关系。

2016 年 10 月，习近平访问柬埔寨。迎接中国领导人到访的，是柬方一系列超高规格礼遇，彰显出中柬关系的“不一般”。

年逾八旬的莫尼列太后，不仅主动提出陪同习近平一起向西哈努克纪念雕像献花篮，在王宫接待时，还特意请他在西哈努克太皇生前常坐的椅子上就座。这把椅子自西哈努克太皇逝世后就被柬埔寨王室珍藏，再没有使用过。这回再次启用，是作为对这位亲如家人的贵宾的至高礼遇。

柬埔寨王室研究院院长　克洛·提达：

请他（习近平）坐在这把椅子上，在柬埔寨的文化中有两个含义：一是表达双方相互思念，彼此铭记；二是祝福这位坐在这把特殊椅子上的尊贵客人长寿安康。

访问期间，在习近平和柬埔寨首相洪森共同见证下，中柬双方共签署 31 份合作文件，涉及外交、产能合作、共建“一带一路”等多个领域，中柬全面战略合作伙伴关系迈上新台阶。

在中国，人们常常用“巴铁”一词指代巴基斯坦，意思是巴基斯坦跟中国是“铁哥们儿”“铁杆朋友”。

2015 年 4 月，习近平将本年首次出访的第一站选在巴基斯坦。代表团走到哪里，哪里就是热情的海洋。

习近平：

中巴建立了全天候友谊，开展了全方位合作。无论国际风云和两国国内局势如何变化，两国在涉及彼此核心利益问题上一贯相互理解、相互支持。这份情谊堪称独一无二。

习近平在演讲中还提到，2014 年 12 月，白沙瓦陆军公立学校遭遇惨烈恐怖袭击，141 名师生遇难。中国第一时间对恐袭予以最强烈谴责、第一时间提供援助，并专门邀请巴方受伤学生和家属赴华疗养、访问。巴基斯坦人民再次感受到来自中国人民的深情厚谊。

习近平出访巴基斯坦期间，两国领导人一致同意将中巴关系提升为全天候战略合作伙伴关系。“全天候”寓意中巴两国风雨无阻、永远同行，这一定位在中国对外关系定位中独树一帜，凸显了中巴友好关系的特殊性、长期性、坚定性。

缅甸，同样是与中国唇齿相依的友好邻邦。

2015 年 11 月，昂山素季领导的全国民主联盟（民盟）在缅甸大选中获得压倒性优势，即将取得政权。缅甸政局变化引起国际社会广泛关注。

外界认为，鉴于中国官方同缅甸民盟接触有限，缅甸新政府上台，可能会给中缅关系带来变数。

事实上，早在 2013 年 5 月，中共中央对外联络部就开始邀请缅甸民盟代表团访华，双方党际交流渠道畅通。

缅甸民盟中央执委　南钦推敏：

这是我们代表民盟第一次受邀到中国，我是代表团的领导，所以我一开始挺担心。

11 天的访华行程，民盟代表团从与缅甸领土相接的云南，到东南沿海福建，最后来到中国首都北京，他们对中国和中国共产党人有了全新的了解。

缅甸民盟中央执委　南钦推敏：

我们有切身体会之后，才发现自己之前对中国的看法和中国的现实，是完全不一样的。

前期的充分沟通，为中缅更高层面的党际交流提供了可能。昂山素季后来讲，中国共产党是一个“有温度的政党”。

应中国共产党邀请，由昂山素季率领的缅甸全国民主联盟代表团 2015 年 6 月访华。习近平在北京会见昂山素季，被许多外国媒体称为“历史性的会面”。

2016 年 4 月，缅甸新政府成立后，出任国务资政的昂山素季决定将中国作为她上任后访问的第一个东盟之外的国家。有媒体认为，这是中国全方位外交的成功。

2017 年 4 月，缅甸总统吴廷觉对中国进行国事访问，中缅元首共同见证一系列双边合作文件的签署。两国关系正沿着“好邻居、好朋友、好兄弟、好伙伴”的轨道继续稳步前行。

大盘取厚势，官子有妙手。东南亚、南亚、中亚、东北亚……五年来，习近平的出访行程，一半留给了周边，引领中国更加奋发有为推进周边外交。在维护国家主权、安全、发展利益的同时，中国秉持“亲、诚、惠、容”的外交理念，诚心诚意同邻居相处，一心一意共谋发展，携手把合作的蛋糕做大，共享发展成果。

今天的非洲已不同往昔。“希望”“发展”“活力”，成为描述这块大陆新的关键词。充足的劳动力、巨大的消费市场……在全球经济不景气的大背景下，非洲无疑是一片生机勃勃、充满机遇的土地。

非洲联盟委员会主席　法基：

非洲拥有世界发展所需的许多重要自然资源，还有一点很重要，非洲60%的人口都比较年轻。

正因如此，许多国家都希望拓展非洲市场，扩大在非洲的影响力。

中国同非洲之间，有着绵长而深厚的兄弟情谊。20世纪70年代，非洲兄弟“把中国抬进了联合国”；而中国也在自身经济十分困难的情况下，毅然决定援建坦赞铁路，树立起中非友谊的一座丰碑。

周平，他的父亲曾是当年坦赞铁路的建设者之一。今天，周平和儿子来到坦桑尼亚，探访父亲工作过的地方。

中铁二局新运公司工作人员　周平：

我父亲跟我讲过，当时他们在修建坦赞铁路的时候，当时的条件非常艰苦，这条铁路基本上是靠肩挑背扛把它修建出来的。

新中国成立以来，始终将发展中国家视为外交工作的基础，而发展同非洲国家的友好合作，则是中国外交“基础中的基础”。

2013 年 3 月 24 日，习近平当选中国国家主席刚刚 10 天，就来到非洲访问。

次日，习近平在坦桑尼亚尼雷尔国际会议中心发表演讲。“对待非洲朋友，我们讲一个‘真’字；开展对非合作，我们讲一个‘实’字；加强中非友好，我们讲一个‘亲’字；解决合作中的问题，我们讲一个‘诚’字。”

30 分钟演讲，30 次热烈掌声！“真、实、亲、诚”，打动非洲兄弟的，正是中国愿与非洲相互支持、共同发展的赤诚之心。

周平父子如今也在非洲修建铁路。一家三代，见证中非友好薪火相传。

作为中非合作的一个缩影，铁路建设似乎注定要承载一种特别的意义。

由中国企业承建、从蒙巴萨通往内罗毕的这条蒙内铁路，所有桥梁式动物通道净高均在 6.5 米以上，就连长颈鹿走过时，也不需要低头。既帮助非洲建成高质量铁路，又尽全力保护当地生态环境，中国铁路建设者们用实际行动履行他们的庄严承诺。

蒙内铁路不仅着眼于路，更带动发展东非第一大港口蒙巴萨港，进而激活整个蒙巴萨经济特区。这种路、港、区三位一体的发展模式，正是中国对非合作新理念的集中体现。

非洲联盟委员会主席　法基：

非洲所有国家与中国的关系是在诚意基础上共同建立和发

展起来的，这种关系能够满足非洲发展之需。

2015 年 12 月，习近平再次访非。中非合作论坛约翰内斯堡峰会上，中非领导人一致同意将中非关系提升至全面战略合作伙伴关系。

峰会上，习近平提出中非“十大合作计划”，帮助非洲实现工业化、农业现代化，支持非洲基础设施建设。当前，这“十大合作计划”正稳步落实。

怀着一颗真诚、友好的心，践行义利相兼、以义为先的正确义利观，中国与非洲的合作正结出累累硕果……

拉美，另一片美丽富饶的沃土，是全球最具发展潜力的新兴地区之一。

近年来，中国稳居多数拉美国家第一或第二大贸易伙伴地位。中国多年来是拉美能源、矿产品、大豆和食糖等产品的最大进口国。

志合者，不以山海为远。就任国家主席以来，习近平已三次走进拉美。

2014 年在巴西举行的中拉领导人会晤期间，习近平提出构建中拉关系“五位一体”新格局，倡议构建“1+3+6”合作新框架：一个规划、三大引擎、六大领域，得到与会领导人一致支持。

真真切切的诚意、实实在在的合作，让拉美国家毫不犹豫地为中国朋友敞开大门。

2014 年习近平访问拉美期间，双方决定建立平等互利、共同发展的中拉全面合作伙伴关系，共同宣布成立中国—拉共体论坛。

此前，中国已推动建立上海合作组织、中国—东盟合作机制、中非合作论坛、中阿合作论坛、中国—中东欧国家领导人会晤、中国—太平洋岛国论坛对话会等一系列合作架构，而中拉论坛的成立，标志着由中国倡导成立、主要面向广大发展中国家的地区多边合作架构实现全球覆盖。

习近平：

中东是一块富饶的土地。让我们感到痛心的是，这里迄今仍未摆脱战争和冲突。中东向何处去？这是世界屡屡提及的“中东之问”。少一些冲突和苦难，多一点安宁和尊严，这是中东人民的向往。

2016年伊始，沙特与伊朗的断交事件，令世界错愕。中东乱局之下，大国博弈硝烟味浓。

习近平此时前往中东，对沙特、埃及和伊朗三国进行国事访问，外界“大为惊讶”。习近平是首位同时访问沙、伊这两个断交国的外国领导人，也是伊朗被解除国际制裁后首位到访的外国元首。

分析人士指出，此访充分展现了中国领导人观大势、定大局、谋大事的外交韬略和气魄，凸显中国中东外交的独特优势和影响力。

访问期间，习近平在阿盟总部发表演讲，强调各方要在追求对话和发展的道路上寻找希望，针对“中东之问”提出了标本兼治、综合施策的中国方案。

2017 年春，沙特国王萨勒曼、以色列总理内塔尼亚胡等中东地区多国政要接踵来华，从一个侧面反映出中国在中东影响力的提升。

2017 年 7 月 18 日，正在中国访问的巴勒斯坦国总统阿巴斯郑重授予习近平“巴勒斯坦国最高勋章”，感谢他亲力亲为，为中东和平贡献智慧与力量。一枚跨越万里的勋章，寄托着一份深沉由衷的敬意。

解决中东和平这道谜题，绝非旦夕之功。敢于直面最棘手的热点问题，彰显了中国开放自信的外交风范和负责任的大国担当。

大国、周边、发展中国家……五年来，习近平出访 28 次，足迹遍及全球五大洲，实现对不同类型国家元首外交的全覆盖，引领中国外交在复杂多变的国际格局中始终保持战略主动地位。

外交部长　王毅：

中国外交积极进取，主动作为，构建了全方位、多层次和立体化的战略布局。我们已经同 97 个国家和国际组织建立了不同形式的伙伴关系，可以说中国的“朋友圈”越来越大。

1955 年 4 月 18 日早上，印尼万隆，周恩来、苏加诺、尼赫鲁等亚非 29 个国家和地区的领导人与代表们，沿着这条街道走向独立大厦，参加世界历史上首次亚非会议。这就是著名的万隆会议“历史性步行”。

历史的时针指向 2015 年，又一个春意盎然的日子。习近平和印尼总统佐科等近 100 位亚非国家领导人或代表并肩前行，走向独立大厦，重现当年“历史性步行”的经典画面。

街边矗立的石碑上，镌刻着以和平共处五项原则为基础的“万隆会议十项原则”。时光荏苒，半个多世纪过去了，和平共处五项原则仍是中国外交的根本遵循，在新的历史条件下绽放出更加耀眼的智慧之光。

独行快，众行远。五年来，以习近平同志为核心的党中央积极推动构建以合作共赢为核心的新型国际关系，对“21 世纪国际关系向何处去”这一时代命题给出了中国答案。中国全方位外交布局实现新拓展，中国的全球伙伴关系网更加紧密。

面向未来，放眼寰球，中国特色大国外交高举和平、发展、合作、共赢的旗帜，必将不断书写新的篇章，铸就新的辉煌！

第三集

中流击水

第三集《中流击水》完整视频

2017 年伊始，中国外交的开篇之作从瑞士拉开帷幕。

国家主席习近平应邀而至，受到瑞士方面史无前例的高规格礼遇。

瑞士人民对远道而来的中国贵客所展现的热情，为寒冬带来了融融暖意。

联合国日内瓦总部，是习近平瑞士之行的重要一站。

习近平：

很高兴在这里见面。

联合国秘书长　安东尼奥·古特雷斯：

您到家了。

应联合国秘书长古特雷斯邀请，习近平访问联合国日内瓦总部。在万国宫发表主旨演讲时，习近平用一段充满瑞士特色的比喻，向世界诠释携手探索人类共同命题的必要性和可行性。

习近平：

我第一次得到一把瑞士军刀时，我就很佩服人们能赋予它那么多功能。我想，如果我们能为我们这个世界打造一把精巧的瑞士军刀就好了，人类遇到了什么问题，就用其中一个工具去解决它。我相信只要国际社会不懈努力，这样一把瑞士军刀是可以打造出来的。

中国紧扣时代命题，创新全球治理理念和实践。

外交部长　王毅：

党的十八大以来，以习近平同志为核心的党中央高度重视全球治理，总书记两次主持中央政治局就此进行集体学习，而且逐步形成了中国对改革完善全球治理体系的基本思路，使更多的中国倡议发展为国际共识，更多的中国方案汇聚成国际行动。

面对深刻变化的国际力量对比和日益突出的全球性问题，习近平创新全球治理理念和实践，提出了全球治理观、新安全观、新发展观、全球化观等一系列新理念新主张，推动建立更加公正合理、普惠均衡的全球治理体系，得到国际社会广泛认同和普遍赞誉，将中国国际地位、国际话语权、国际影响力提升到前所未有的高度。

如何推动全球治理体系向更加公正合理的方向前行，如何为促进世界和平与发展凝聚更多力量，构建人类命运共同体、实现共赢共享的中国方案，给世界带来了希望。

习近平：

中国古人说：“善学者尽其理，善行者究其难。”构建人类命运共同体是一个美好的目标，也是一个需要一代又一代人接力跑才能实现的目标。

这是波澜壮阔的伟大进程。习近平引领中国外交开拓进取，为人类共同未来描绘蓝图。

习近平：

坚持对话协商，建设一个持久和平的世界；坚持共建共享，建设一个普遍安全的世界；坚持合作共赢，建设一个共同繁荣的世界；坚持交流互鉴，建设一个开放包容的世界；坚持绿色低碳，建设一个清洁美丽的世界。

时代赋予了中国外交新的历史使命，中国正在用实际行动推动着这些目标的实现。

维护世界和平与安宁，是身为大国义不容辞的责任和担当。

2017 年 4 月 8 日，正在亚丁湾索马里海域执行护航任务的中国海军护航编队玉林舰接到一艘外籍货船遭海盗劫持的紧急通报，一场特殊的海上营救随即启动。

玉林舰舰长　何路阳：

命令一下达，我们的小艇立即拉到最高速。

分秒必争的武力营救，前后共计 7 个多小时，19 名叙利亚籍船员终于安全获救。

获救外籍船员：

感谢中国海军！

营救行动小组成员　王可：

当他们自发地拿出了中国的国旗，真的是打心眼里面感谢中国海军，感谢我们这次营救行动。

为世界和平护航，这是一份永不缺席的使命与担当。这份中国担当，同样在参与联合国维和行动的中国“蓝盔将士”的故事中得到彰显。

2015年9月，在纽约联合国总部出席联合国维和峰会的习近平向人们讲述了一个动人故事。

习近平：

五年前，中国维和女警察和志虹在海地执行联合国维和任务时不幸殉职，留下年仅四岁的幼子和年逾花甲的父母。她曾经写道：“大千世界，我也许只是一根羽毛，但我也要以羽毛的方式承载和平的心愿。”

这是她生前的愿望，也是中国对和平的承诺。

中国常驻联合国代表　刘结一：

中国坚定支持联合国维和事业，是安理会常任理事国中最大维和出兵国。我们也是联合国维和摊款第二大出资国，目前有2500多名维和人员在十个任务区执行任务。中国的努力赢得了国际社会的赞誉。

铸剑为犁，缔造和平。2015年9月28日，在寄托着人类永不再战理想的巨大联合国徽章的映衬下，习近平登上第七十届联合国大会的讲坛，郑重承诺。

习近平：

中国将加入新的联合国维和能力待命机制，决定为此率先组建常备成建制维和警队，并建设8000人规模的维和待命部队。

言必信，行必果。就在习近平向世界发出郑重承诺仅一年之后，中国组建起联合国第一支常备维和警队。

公安部常备维和警队队长 张广保：

根据联合国的规划，我们常备维和警队担负的维和任务区都是武装冲突非常激烈、任务非常艰巨、保障也非常艰苦的地区。

联合国维和行动部警察司人员招聘处处长 阿塔·耶尼冈：

我们看好这支部队，在面临任何危机情况时，在执行任何由联合国安理会授权的新任务时，起到至关重要的作用。

2015 年 4 月，瑞士洛桑的博尔河皇宫酒店，伊朗核问题谈判在这里步入最关键却也是最艰难的时刻。

这场旷日持久的国际争端能否获得圆满解决，牵动着全世界的神经。中东地区热点频发，矛盾交织，伊朗核问题更如同一根火药桶上的引线。为此，联合国安理会五个常任理事国和德国共同商讨解决伊朗核问题，形成六国磋商机制。

中国出席伊朗核问题谈判代表 王群：

伊核问题高度敏感复杂，特别是美伊之间没有互信，他们的立场差距非常悬殊，一些关键的核心点上，正是基于中国的方案，最终才得以解决。

谈判桌外，元首外交在危局中发挥关键作用。2014 年 7 月，正在巴西福塔莱萨参加金砖国家领导人第六次会晤的习近平，接到时任美国总统奥巴马打来的电话。

中国出席伊朗核问题谈判代表　王群：

当时再过六天时间，也就是伊核全面协议的谈判期限，继续谈还是不谈，是不是延期，美国非常地纠结。

习主席在这个时候，就明确跟奥巴马讲，说希望各方首先全力争取在谈判期限前达成协议，万一达不成，中方也支持各方延期继续谈。

在伊核全面协议经历 31 轮谈判、两次延期之后，2015 年 7 月 14 日，伊朗核问题六国及欧盟与伊朗终于在维也纳达成历史性全面协议。这场持续十余年之久的国际争端获得圆满解决，为国际和地区热点问题通过外交谈判途径和平解决树立了典范。

中国常驻联合国代表　刘结一：

中国作为安理会常任理事国，为解决国际和地区热点问题发挥了重要作用。我们倡导共同、综合、合作、可持续的安全观，主张和平解决国际争端，通过对话协商化解分歧，维护联合国斡旋主渠道作用，是全球和平与安全的重要支柱。

维护全球安全稳定，共同应对安全威胁和挑战，需要积极开展国际合作，共聚合力。诞生于黄浦江畔的上海合作组织自 2001 年宣布成立后，中国一路呵护、引领发展。秉持互信、互利、平等、协商、尊重多样文明、谋求共同发展的“上海精神”，上合组织各成员国探索出新的集体安全合作模式，为亚欧地区的安全作出了巨大贡献。

面对牵一发而动全身的全球性课题，没有任何一个国家能独善其身、单独应对。2014 年 3 月，全球 53 个国家的领导人或代表，以及国际组织负责人为全球核安全聚首荷兰海牙。

核能被喻为普罗米修斯带到人间的火种。然而，不能忽视的是，核能兼具着天使与魔鬼两种迥然不同的面貌。重大核事故的发生为各国敲响了警钟，而核恐怖袭击是最令世界担忧的恐怖主义形式之一。

在海牙核安全峰会上，习近平第一次全面系统阐述了中国核安全观，体现了一个核大国的负责任态度。

国家原子能机构副主任　王毅韧：

他当时在这个会上倡导，要建立一个公平、合作、共赢的国际核安全治理体系，同时提出了理性、协调、并进的核安全观。

习近平：

光明前进一分，黑暗便后退一分。为实现持久核安全，中国愿意继续作出自己的努力和贡献。

2016 年 4 月 1 日，在美国华盛顿召开的第四届核安全峰会上，习近平结合新的时代背景，再次宣布一系列中国主张和举措。

中国常驻维也纳联合国和其他国际组织代表　史忠俊：

习主席在华盛顿峰会上提出来“四个强化”，强化政治投入，强化国家责任，强化国际合作，强化核安全文化。

作为此次峰会的重要成果，《2016 年核安全峰会公报》写入了习近平提出的理性、协调、并进的中国核安全观，这是中国核安全理念第一次上升为国际共识。

用切实的努力赢得世界认同，中国在行动。2014 年，持续蔓延的埃博拉疫情，如巨大的阴霾笼罩西非，死亡的气息四处弥漫。

时任外交部非洲司司长　林松添：

危难时刻显真情。我们习近平主席第一时间在国际上率先作出呼应。中国采取了历史重大的举措，从来没有过的，紧急驰援。

当有的人离开时，中国医疗队正向最危险的地方飞奔而去。

时任世界卫生组织总干事　陈冯富珍：

中国是第一批到西非这三个国家提供援助的，中国的医疗队是唯一全球派出去的医疗队之中“零感染”的医疗队。

在这场新中国历史上规模最大的对外医疗援助中，中国共提供总价值 1.2 亿美元的物资和资金援助，派遣 1200 多名医护人员和公共卫生专家赴疫区工作。在国际社会携手应对埃博拉的挑战中，中国用自己的行动将人类命运休戚与共的信念传向世界。

习近平：

为了和平，我们要牢固树立人类命运共同体意识。相互尊重、平等相处、和平发展、共同繁荣，才是人间正道。

一切为了和平，这是中国的心声，也是世界的心声。2015 年 9 月，在世界反法西斯战争胜利 70 周年与联合国成立 70 周年的历史节点，在联合国这座人类大家庭的共同殿堂里，中国向世界传达求和平、谋发展、促合作、图共赢的愿望与信念。

习近平：

我们要继承和弘扬联合国宪章的宗旨和原则，构建以合作共赢为核心的新型国际关系，打造人类命运共同体。

时任联合国秘书长　潘基文：

他（习近平）明确表示，中国将继续发挥领导作用，坚守对和平、安全与世界的承诺。

他明确表示，世界上所有人都应该和谐共处。

习近平首次登上联合国讲坛，世界为之瞩目。此时正值联合国千年发展目标到期、2030 年可持续发展议程启动，17 项可持续发展目标勾勒出未来 15 年人类共同发展的愿景，中国以主动担当和切实行动诠释"发展"这一人类社会的主题。

习近平：

唯有发展，才能消除冲突的根源。唯有发展，才能保障人民的基本权利。唯有发展，才能满足人民对美好生活的热切向往。

面向未来，中国将继续秉持义利相兼、以义为先的原则，同各国一道为实现 2015 年后发展议程作出努力。

习近平在发展峰会的演讲结束后，二三十位各国元首和与会代表在走廊外等待与他握手。立己达人、兼善天下，习近平的演讲在联合国讲坛上引发强烈共鸣。

时任联合国副秘书长　吴红波：

他每讲一条，后面都有掌声，当时很多国家的代表特别是发展中国家代表听了以后觉得挺解渴。习主席还阐述了中国的发展观。

习近平：

中国将始终作全球发展的贡献者，将自身发展经验和机遇同世界各国分享，欢迎各国搭乘中国发展“顺风车”。

2017年1月，群山环绕的瑞士小镇达沃斯已被皑皑白雪覆盖，79岁的世界经济论坛主席施瓦布冒着严寒来到车站。他即将迎接的，是世界经济论坛2017年年会上最引人瞩目的贵宾——习近平。

世界经济论坛主席　克劳斯·施瓦布：

我和其他3000名参会者一样，现在非常盼望能在达沃斯见到他。我期待在他的主题演讲中，他会向世界展现中国对世界的责任和担当，特别是现在世界上充满了不确定因素，充满了未知。

在达沃斯举行的世界经济论坛年会被誉为“世界经济的风向标”。在人们普遍对世界经济发展前景感到迷茫，反经济全球化思潮、保护主义明显上升的背景下，小镇达沃斯牵动着世界的目光。

世界到底怎么了，我们该怎么办？在疑虑与喧嚣声中，全球目光聚焦于中国。

习近平：

经济全球化曾经被人们视为阿里巴巴的山洞，现在又被不少人看作潘多拉的盒子。

外交部副部长　李保东：

在世界面临一个尖锐的问题的前面，谁能提出这样的答案？习主席在达沃斯直面地回答了人们所关心的问题，全面系统地阐述了我们中国的经济全球化主张。

习近平：

世界经济的大海，你要还是不要，都在那儿，是回避不了的。搞保护主义如同把自己关入黑屋子，看似躲过了风吹雨打，但也隔绝了阳光和空气。

习近平亮出中国主张，推动经济全球化向开放、包容、普惠、平衡、共赢方向发展，为世界经济发展指明正确方向，影响力旋即传向整个世界。

世界经济论坛年会与会代表　马云：

习主席的那次演讲堪称经典。

作为一个中国人，我特别地感到骄傲，在整个世界经济低迷，并且整个世界政治格局那时候都不清晰的情况下，此时此刻中国领导人站在世界的高度，讲起了中国对世界的担当，对国家的这种责任，我觉得还是非常了不起。

习近平：

人类文明进步历程从来没有平坦的大道可走，人类就是在同困难的斗争中前进的。再大的困难，都不可能阻挡人类前行的步伐。历史是勇敢者创造的。

国际货币基金组织总裁　克里斯蒂娜·拉加德：

他（习近平）的演讲对各种文明智慧兼收并蓄。

瑞士联邦主席 多丽丝·洛伊特哈德：

习近平主席的演讲阐述了中国能为稳定世界经济作出哪些贡献。

塞尔维亚总统 亚历山大·武契奇：

我必须说，我对达沃斯论坛上习近平主席的演讲感到无比惊喜。这是在一天中发生的一场革命，那一刻，每个人都爱上了这位中国领导人。

英国《金融时报》一篇文章这样评述2017年初达沃斯小镇迎来的中国时刻：“如果现在大家要想想，自己应该走哪条路，未来在哪里，那么就请看一看中国。”

中国问题专家 罗伯特·库恩：

中国已经与这个世界交融合一，所以无论是对于世界还是对中国来说，中国投身全球治理都是非常重要的。

随着中国以更加开阔的视野和积极有为的姿态投身于世界事务，“全球治理”如今已成为中国特色大国外交的高频用词。

当今世界，新兴市场国家和发展中国家对全球经济增长的贡献超过70%，迫切希望全球经济治理体系更完善、更符合世界生产力发展要求、更有利于世界各国共同发展。

新加坡国立大学东亚研究所所长 郑永年：

到现在为止，这个世界体系实际上还是不公平的，你像发展中国家的经济份额已经占了那么高的比例了，但是在世界整个体系里面的发言权就很低。在这样的条件下，习总书记作了重大的外交的调整。

习近平：

全球经济治理体系必须反映世界经济格局的深刻变化，增加新兴市场国家和发展中国家的代表性和发言权。

作为广大新兴市场国家和发展中国家的代表，过去十年，被称为金砖五国的中国、俄罗斯、印度、南非和巴西对世界经济增长的贡献已经超过50%，成为拉动世界经济增长的重要引擎。

历经十年风雨，中国始终引领着金砖合作的发展方向，打造改革、参与、完善全球治理的体制和机制。

世界舞台上，聚光灯已经点亮。2014年，中国时隔13年再次主办亚太经合组织领导人非正式会议。中国人在家门口见证亚太梦想的绽放。

商务部副部长　王受文：

这个会议可以说为亚太地区经济、贸易与投资的一体化，确定了一个方向，制定了具体的路线图，它的意义非常深远。

雁栖湖畔，亚太经合组织成员共提出100多项合作倡议，其中一半以上由东道主中国提出。

外交部副部长　李保东：

中国的方案推动会议取得了丰硕的成果，一是确立了共建亚太伙伴关系，二是作出了启动亚太自贸区进程的重大决定，三是绘制了亚太互联互通的长远蓝图。

智利总统　米歇尔·巴切莱特：

关于建立亚太自贸区，很多年前就是亚太经合组织的一个梦想，是2004年的一个提议，不过随后没有推动，直到习近平主席再次提议。

习近平：

我们决定启动亚太自由贸易区进程，批准《亚太经合组织推动实现亚太自由贸易区路线图》，这是我们朝着实现亚太自由贸易区方向迈出的历史性一步。

以北京APEC为新航程的起点，亚太区域经济开放型发展之路不断延伸。2016年11月，在利马APEC会议上，习近平用一个生动的比喻再次为亚太地区经济发展注入信心。

习近平：

大家都知道，拉美是地瓜等薯类作物的原产地，我特别爱吃这里的地瓜土豆。我曾给中国一些企业家举过地瓜的例子。我说，你看那个地瓜，它的藤蔓向四面八方延伸，但它的块茎始终长在根基位置。同样道理，无论发展到什么程度，中国都将扎根亚太、建设亚太、造福亚太。

讲述者，中国。聆听者，世界。中国正激发起全球经济新动力。

2016年9月，中国主场外交迎来世界瞩目的历史时刻，二十国集团领导人第十一次峰会在杭州举行。

习近平：

中国对外开放，不是要一家唱独角戏，而是要欢迎各方共同参与；不是要营造自己的后花园，而是要建设各国共享的百花园。

中方希望同各方一道，推动杭州峰会开出一剂标本兼治、综合施策的药方，推动世界经济走上强劲、可持续、平衡、包容增长之路。

占全球经济总量80%的二十国集团成员、8个嘉宾国领导人、7个国际组织负责人，50余场活动，形成28份具体成果文件。

南非总统　雅各布·祖马：

究竟应该怎样做才能推动经济增长，怎样做才能获得经济成果，中国提出的方案非常清晰。

商务部副部长　王受文：

在中国的G20峰会（上），第一次通过了一个国际贸易与跨国投资的协商机制；第一次通过了一个G20贸易增长战略；第一次通过了一个G20投资规则指导原则，也是第一次把发展问题，作为一个全球经济治理的一个协调的内容。

杭州峰会推动G20从危机应对向长效治理机制转型，成为G20发展史上一座里程碑。会议议程之外，美轮美奂的杭州之夜，各国领导人乘船泛舟西湖之上，更描绘出一幅同舟共济的动人图景。

习近平：

我们二十国集团领导人齐聚钱塘江畔，要作世界经济的弄潮儿，以我们的智慧引领世界发展潮流，为全球经济治理书写新的篇章。

“创新、活力、联动、包容”，在这里，中国新发展理念的国际影响得以扩大，中国改革开放的世界意义得以提升。杭州，成为世界经济航船崭新航程的起点。

从“千桥之城”杭州驶向“世界桥城”汉堡，2017年7月，二十国集团汉堡峰会延续杭州峰会共识，就加强国际经济合作、全球经济治理发出积极信号。习近平再次为全球发展把脉开方，带给人们信心与力量。只有同舟共济、合作共赢，人类和平发展的航船才能行稳致远。

各国儿童：

我希望我们拥有一个明朗干净的世界；

我希望不再有污染；

我希望我们可以生活在和谐的社会、和平的世界里……

世界人民对未来的期许相融共通，为民族复兴尽责、为人类进步担当，始终是中国特色大国外交的出发点。

气候变化巴黎大会现场集会民众：

我们势不可挡。我们可以改变这个世界。

这是2015年11月召开的巴黎气候大会的现场，媒体将这个大会称为“保护地球”的大会。

外交部气候变化谈判特别代表　苟海波：

气候变化是全球治理的一个重要的方面，也是我们构建人类命运共同体的一个重要内容，面对这个问题没有任何国家可以独善其身，应对气候变化需要全球合作努力共同应对。

全球气候变暖已成为威胁人类可持续发展的巨大挑战。为此，全球150个国家的元首和政府首脑，以及195个国家及欧盟缔约方代表史无前例地汇聚到一起，他们将共同为达成一项具有法律约束力的全球应对气候变化协议《巴黎协定》展开努力。

此时的巴黎，还没有从两个星期前刚刚遭到连环恐怖袭击的阴影中走出。然而，人类为共同命运展开行动的勇气却不能退却。

巴黎气候大会开幕当天，习近平抵达会场，这是中国最高领导人首次出席气候变化大会。

习近平：

作为全球治理的一个重要领域，应对气候变化的全球努力是一面镜子，给我们思考和探索未来全球治理模式、推动建设人类命运共同体带来宝贵启示。

中国气候变化事务特别代表　解振华：

习主席在会上提出了要构建人类命运共同体，要建设一个公平合理、合作共赢的全球气候治理体系，既讲了中国的方案，也提出我们不光是为了造福中华民族，而且也要造福世界人民，稳居道义制高点。

全球舞台上，中国的引领与担当，离不开中国为应对气候变化所付出的艰辛努力。作为世界第二大经济体，雾霾、水安全、土壤污染已成为关乎民生的问题，实现经济、社会和环境的可持续发展，就必须直面挑战、切实行动。

国家发展改革委副主任　张勇：

2015 年，中国公布了国家自主贡献的目标，为应对全球气候变化作出了最大的努力，同时还积极推动自身的可持续发展，国际社会给予了高度的评价，大大提高了中国在全球气候治理中的话语权和引导力。

中国提出的建设性方案影响着巴黎气候大会的谈判走向。时间一分一秒过去，分歧逐渐减少。2015年12月12日中午，《巴黎协定》的最终文本终于要向全世界宣布。

然而，就在这最后时刻，意外发生了。一个国家的代表要求修改协定文本。

气候变化巴黎大会主席　洛朗·法比尤斯：

主要的困难是让195个国家同时接受这个宏大的协议，需要每个国家的同意。如果最后有一个国家提出反对，即使是个小国，这个协议就无法生效。

面对困局，中国代表团义无反顾地承担起了斡旋工作。

气候变化巴黎大会主席　洛朗·法比尤斯：

他用了一个小时，一个小时之后他回来对我说，那些国家同意了。

气候变化巴黎大会主席　洛朗·法比尤斯：

我没有听到任何异议，《巴黎协定》通过。

《巴黎协定》达成的这一刻，全球气候治理开启新的征程。

习近平：

《巴黎协定》的达成是全球气候治理史上的里程碑。我们不能让这一成果付诸东流。中国将继续采取行动应对气候变化。

宇宙只有一个地球，人类共有一个家园。心系天下的中国理念，连通起人类的梦想，拨动着世界的心弦。

习近平：

让和平的薪火代代相传，让发展的动力源源不断，让文明的光芒熠熠生辉，是各国人民的期待，也是我们这一代政治家应有的担当。中国方案是：构建人类命运共同体，实现共赢共享。

2017年1月18日，习近平在联合国日内瓦总部，再次面向全世界阐述共建人类命运共同体的蓝图。

联合国副秘书长　米歇尔·西迪贝：

他（习近平）的演讲让人心潮澎湃。

世界知识产权组织总干事　弗朗西斯·高锐：

习主席的观点让人信服。

联合国日内瓦办事处总干事　迈克尔·穆勒：

习主席的演讲不仅让在日内瓦现场聆听的人豁然开朗，对整个国际体系也意义重大。

日内瓦，世界多边外交重要舞台。这里留存的中国记忆，尤为动人。

1954年新中国成立不久，周恩来总理率领中国代表团前来出席日内瓦会议。这是共和国第一代领导人首次在全球多边外交舞台上亮相。

六十多年之后，从国际体系的旁观者到参与者、建设者、贡献者和引领者，中国一步一个脚印，走近世界舞台中心。

联合国秘书长　安东尼奥·古特雷斯：

中国是国际社会的重要一员，多极世界需要多边的治理方式，今天的中国可以发挥重要的作用。

习近平：

中国愿同广大成员国、国际组织和机构一道，共同推进构建人类命运共同体的伟大进程。

把握时代脉搏，面向人类未来。中国，正积极参与并引领全球治理进程，通过倡导打造人类命运共同体，指明破解和平赤字、发展赤字、治理赤字的方向和路径。世界舞台上，中国故事、中国智慧、中国方案，正焕发出巨大的吸引力、感召力和生命力。

第四集

穿云破雾

第四集《穿云破雾》完整视频

下午五六点钟，海潮随着暮色退去。正值休渔季，成群的渔船栖息在潭门镇的中心港口。

岸边静静停泊着一艘饱经风雨的渔船，“琼琼海 09045”。四年前，它曾见证潭门镇的历史性时刻。

千年渔港，南海之门。2013 年 4 月 8 日，就任国家主席后第 26 天，习近平不远千里来到这个仅两万多人口的海南东部小镇。

这并非一次普通意义的国内考察。两个多月前，菲律宾阿基诺三世政府就中菲南海问题针对中国单方面提起仲裁案。习近平此时到访，彰显了深邃的战略视野，饱含着中国新一代领导人护海卫国的拳拳之心。

习近平：

如果要到那边遇到台风了，是往回赶还是到哪里去避？

渔民：

有那个甲板，我们就是到那个甲板下面，我们知道守在哪里可以避风。

习近平：

都知道的。

渔民：

都知道的。

习近平：

这两次出去，有没有碰到找麻烦的其他国家？

渔民：

中国渔政都维护我们的。

习近平：

跟大家照个相！

渔民：

开始照了，大家高兴一点。鼓鼓掌，大家来鼓鼓掌。

潭门镇渔民：

我们整个南海都去，整个南沙都跑遍了。最远是曾母暗沙。

潭门镇渔民：

这里是我们的祖宗海。

发源于元代、盛行于明清和民国，记载南海岛屿名称和位置的《更路簿》，诉说着潭门渔民世代耕海的历史。这份航海指南，是我国渔民发现和开发南海诸岛的生动见证。

2011 年，美国提出“重返亚太”战略，南海风浪渐起。外部势力频繁介入，海上安全紧张加剧，百姓生活受到波及。一面借所谓仲裁案唱苦情的政治闹剧，一面打着“航行自由”的幌子搞强权的军事把戏，一些域内外力量彼此唱和，唯恐南海不乱。

中国国际问题研究院常务副院长　阮宗泽：

2013年菲律宾（阿基诺三世政府）单方面提起南海仲裁，等于是绕开了这样一种规则，它是对过去中国和菲律宾达成的共识的破坏和违背。

潭门镇渔民：

菲律宾那里很猖狂，派那个军警出来赶我们。但我们说，这是我们中国的领土。

潭门镇渔民：

紧紧追赶我们，开枪射击我们。

潭门镇渔民：

那信号弹打到我们的后面甲板上。

地区的紧张形势，像蝴蝶翅膀扇起的一场风暴，不仅让潭门渔民担惊受怕，也给生活在菲律宾达沃的蕉农兰迪·贡扎礼，带来了前所未有的压力。

菲律宾达沃蕉农　兰迪·贡扎礼：

那是在2013年，我砍掉了将近1000棵香蕉树。

强而不霸，和谐海洋。党的十八大以来，建设海洋强国成为中国走向世界强国的崭新姿态。中国不会走西方扩张的老路，但也不会在无理索求面前忍气吞声。

习近平：

南海诸岛自古以来就是中国领土，维护自身的领土主权和正当合理的海洋权益，是中国政府必须承担的责任。

观大势、谋大局，针锋相对、寸土必争。针对企图否定中国在南海领土主权和海洋权益的南海仲裁案，中国确立了“不接受、不参与、不承认”的立场。

时任外交部发言人　洪磊：

无论仲裁庭作出什么裁决，都是非法的、无效的，中方不会接受，不会承认。

面对别有用心的污蔑、指责、抹黑以及军事挑衅，海上、法理、外交、舆论，中国全线应对。

外交部边海司司长　欧阳玉靖：

在领土主权和海洋权益的一些重大核心利益问题上，我们是没有退路的。我们会通过外交等方方面面的渠道，维护我们的领土主权、海洋权益不被侵犯。

触摸祖国最南端，才能最真切感受她的脉搏。南海，这片面积约 356 万平方公里的阔朗海域，散落着 200 多个明珠般的岛礁。

习近平：

中国将坚持同直接当事国在尊重历史事实的基础上，根据国际法，通过谈判和协商解决有关争议。

2016 年 3 月 31 日，美国华盛顿；6 月 18 日，塞尔维亚贝尔格莱德；6 月 25 日，中国北京……习近平亲力亲为，在各种双多边场合针对南海问题，亮明中国立场，阐释中国主张。

公道自在人心。2016 年 5 月，中阿合作论坛第七届部长级会议在卡塔尔举行。阿盟和21个阿拉伯国家发表《多哈宣言》。阿盟成为首个在南海问题上支持中方的区域组织，在国际社会上形成了强大的示范效应。

这是一组令人震撼的数据：80多个国家和国际、地区组织从不同角度对中方立场表示理解和支持。来自120个国家的240多个政党、政治组织以及280多个知名智库、非政府组织，发出客观、公正声音，支持中国通过谈判磋商解决有关争议的立场。

中共中央对外联络部部长　宋涛：

在南海仲裁案问题上，一大批政党和政要支持我们的立场，在国际上主动发声、伸张正义，有力维护了国家领土主权和安全利益。

德国特利大学国际公法和欧洲法教授　亚历山大·普勒尔斯：

南海的一些问题不在联合国海洋法公约的范围之内。

德国波恩大学国际公法研究所所长　斯特凡·塔尔蒙：

（南海仲裁案）如果涉及到领土主权的问题，就越界了。仲裁庭没有权力仲裁领土的问题。

所谓仲裁裁决公布前后，中宣部先后部署了3场重量级南海问题研讨会，分别于国际法庭所在地海牙、美国首都华盛顿和东盟国家新加坡举行，旨在澄清国际法学界的主流观点，针对所谓南海仲裁案拨乱反正、以正视听。

2016年7月5日，资深南海专家吴士存出席在美国华盛顿举行的中美智库南海问题对话会。

中国南海研究院院长　吴士存：

“不接受、不参与”，并不意味着我“无所作为”。我们采取了一系列的措施，叫作“庭外斗争”。要告诉美国学者，中国的视角为什么认定南海仲裁案组成的仲裁庭，它没有管辖权。

这场中美智库南海问题对话会，在美国国庆节后第一天举行，备受瞩目。前国务委员戴秉国发表主旨演讲，强调仲裁庭即将作出的裁决不过是“一张废纸”。中方的发言刚柔并济、义正辞严，给与会者留下极深印象。

前国务委员　戴秉国：

中国人并没有被吓倒，哪怕美国全部10个航母战斗群都开进南海，我想也吓不倒中国人。

2016年7月12日，临时仲裁庭作出荒谬裁决，国际社会一片哗然。

这个临时拼凑的草台班子中，5名仲裁员里，有4人均由颇具争议的时任国际海洋法法庭庭长日本人柳井俊二指派。临时仲裁庭还租用位于海牙和平宫的常设仲裁庭大厅开庭，企图通过“捆绑”自抬身价。从人员构成到实体裁决，临时仲裁庭破绽百出，毫无公正权威可言。

中央电视台《新闻联播》：

习近平强调，南海诸岛自古以来就是中国领土。中国在南海的领土主权和海洋权益在任何情况下不受所谓菲律宾南海仲裁案裁决的影响。

7月12日当天，习近平在北京钓鱼台国宾馆会见欧洲理事会主席图斯克和欧盟委员会主席容克，再次重申中方立场：中国不接受任何基于所谓菲律宾南海仲裁案裁决的主张和行动。

所谓仲裁裁决公布后，中国政府第一时间连续发表两份声明、一份白皮书，重申反对且不接受任何基于该仲裁裁决的主张和行动，表明坚持与直接有关当事国在尊重历史事实的基础上，根据国际法，通过谈判协商解决南海有关争议。

外交部发言人　陆慷：

所谓的仲裁庭一开始就是建立在菲律宾违法行为和非法诉求的基础之上，它的存在不具备合法性，它所作出的一切裁决都是徒劳的，是没有任何效力的。

外交部法律顾问　徐宏：

在国际法上，我们的观点、我们的立场得到国际同行的很多的理解和支持，这也使仲裁庭这个裁决的有效性受到很大的质疑。我们说它是“一张废纸”，这个在法律上是完全站得住的。

保持定力、亮明底线，中国立场得到越来越多国家的理解和支持。对南海有关争议，中国坚持斗争与合作并举。秉持“亲、诚、惠、容”周边外交理念，沿着打造周边命运共同体的正轨，中国与东盟国家海上合作稳步推进，对话合作的善意和诚意得到地区国家积极响应。

2016年10月18日，菲律宾新任总统杜特尔特访华。中菲发布联合声明，两国关系重回正轨。在此前后，越南总理阮春福、马来西亚总理纳吉布相继而来，对话合作又一次唱了主角。

菲律宾总统　杜特尔特：

这就是中国的初衷，提高东盟所有国家（人民）的生活水平，来实现中国与东盟国家的互惠互利。

中菲关系实现全面转圜，中国同东盟各国海上合作稳步推进。历史上，多少国家因领土纷争反目成仇，但中国走了一条新路——化争端为合作机遇，化资源为更优质的国际公共产品。

菲律宾国际关系学学者　博比·图瓦松：

中国推进和亚洲周边国家的经济等方面合作，是有价值的，是很好的理念。

菲律宾大学政治学教授　赫曼·克劳馥：

中国采取的政策是关乎各国之间共同繁荣的，表达了中国对这个地区的期盼。

2016 年深冬的一天，第 25 号台风“蝎虎”正肆虐着黄岩岛海域。中国海警护卫队接到潭门边防派出所通报称，中国渔船在黄岩岛附近救起两名菲律宾落水渔民。

当时台风瞬时风力最高达到 14 级，足以倾覆一艘舰船。尽管如此，中国海警依然迅速出动，在滔天巨浪中奋战了将近一天，最终成功将菲律宾渔民营救至舰上。

中国海警船船长　吴志强：

他们船翻掉以后，所有东西都没有了。然后我们政委就号召大家，我们自己船员拿出衣服啊鞋啊给他们，就是给他们基本上是很好的安置。

三天后，黄岩岛东部海域，中菲海警在颠簸的风浪中顺利交接被救渔民。路透社评论说，这显示了两国关系的迅速升温。

2017 年 2 月，中菲海警联委会正式成立；6 月，20 名菲律宾海警队员前往中国接受为期一个月的执法训练……“海警外交”成为中菲关系的新亮点。

菲律宾海岸警卫队发言人　巴里洛：

我认为我们和（中国）海警之间没有任何问题，因为我们有着同样的使命，几乎是一模一样。如果需要搜索和救援，我们将一直合作下去。

2017 年 4 月 30 日下午，中国海军远航访问编队抵达菲律宾达沃。这是七年来中国海军对菲律宾的首次正式访问。访问期间，杜特尔特登上中国海军长春舰参观。

长春舰官兵：

送一个 150 的舰帽。

2017 年 5 月，中国贵阳见证了两场意义不同寻常的会议。中国与东盟国家达成《南海行为准则》框架，提前完成今年年中之前完成框架草案的目标。

菲律宾驻华大使　罗马纳：

菲律宾和中国的双边关系的前途是光明的。会存在一些挑战，但是我们要把重点放在合作和友谊上。

菲律宾南部棉兰老岛，岛上第一大港口城市达沃，用它高温潮湿的气候，孕育着香蕉的甘甜。兰迪 · 贡扎礼在自家的香蕉园忙碌着，为好收成而高兴。

菲律宾达沃蕉农　兰迪·贡扎礼：

如果我们和中国的关系这样保持下去，生意会很好。

菲律宾达沃蕉农　克里斯玫·阿默拉：

现在很多菲律宾出产的香蕉都是运往中国，我们的收入也相应提高。

一串串香蕉经过打包装箱，从达沃港口出发，漂洋过海，运往中国。漫漫海上航线，跃动着中菲经贸的强劲脉搏。

达沃国际集装箱码头副总裁　博尼法西奥·立卡延：

每周出港口的 10 艘船里，有 7 艘去往中国。

相向而行，方为正道。2017 年 8 月 5 日，第五十届东盟外长会在菲律宾开幕。6 日，备受瞩目的《南海行为准则》框架获得正式通过。多年坚持终不负，南海对话合作之舟，迎来送帆的千里长风。

习近平：

中方愿同东盟国家一道努力，将南海建设成为和平之海、友谊之海、合作之海。

四年多过去了，习近平的到访成为潭门人最骄傲的回忆。

曾经恶浪汹涌，如今风波渐平。历尽沧桑的广阔南海上，中国和周边国家百姓命运相连，分享着同样的丰收与喜悦。在以习近平同志为核心的党中央领导下，中国坚决捍卫了南海主权权益。这片连接历史与未来的蔚蓝色海洋，正在书写对话合作的崭新篇章！

海阔风急，中国执法船向着钓鱼岛的方向奋勇前行。

中国执法船巡航钓鱼岛海域期间，日本海上保安厅巡逻船多次通过无线电向中方执法船发出警告，要求离开。

但中国执法船的回答是坚决而不容置疑的。

中国海警队员 金湛：

日本海保厅巡逻船，这里是中国海监编队。中国海监编队正在中国管辖海域巡航，你船已进入我国管辖海域，你船须遵守我国法律法规。

1988年出生的海警员金湛，肩负着向日方“喊话”宣示主权的职责。2013年，他以“喊话哥”的身份走红网络。

中国海警队员 金湛：

早上我们进入领海，当时已经看到日本船。在确认它的身份之后，我们领导当机立断，马上喊话，对它示明主权。

在钓鱼岛海域执行巡航任务的中国执法船，不仅需要面对惊涛骇浪，更需要时刻警惕复杂多变的海上形势。

不畏千里风浪，在一次又一次钓鱼岛巡航任务中，中国海上执法队伍勇于担当，坚定捍卫着国家主权。

2012年9月11日，东京。日本政府不顾中方坚决反对和一再严正交涉，从2012财年预备金中支出20.5亿日元进行所谓的“购买”钓鱼岛本岛、北小岛、南小岛，将三岛“收归国有”。

20世纪70年代，中日老一辈领导人以大局为重，就“钓鱼岛问题放一放，留待以后解决”达成重要谅解和共识。

邓小平：

我们实现中日邦交正常化的时候，我们双方约定，不涉及这样的问题。

中国社科院中国边疆研究所副所长　李国强：

这就是著名的“搁置争议、共同开发”。到了2012年，日本采取了“国有化购岛”的行为，从而激化了双方在钓鱼岛主权问题上的冲突。

所谓“购岛”闹剧，严重侵犯中国领土主权，引发中国强烈抗议，中方组合拳接踵而来。

2012年9月10日，中国外交部严正声明，日本政府所谓的“购岛”完全是非法的、无效的；9月11日，中央电视台《新闻联播》后首次播报钓鱼岛及周边海域天气预报；9月13日，中国常驻联合国代表向联合国秘书长交存钓鱼岛及其附属岛屿领海基点基线坐标表和海图；9月25日，国务院新闻办发表《钓鱼岛是中国的固有领土》白皮书……

中国的坚定声音，增进世界各国对钓鱼岛问题的了解和认识，引发广泛关注。2014年3月，一部名叫《钓鱼岛真相》的美国纪录片在洛杉矶上映。

纪录片《钓鱼岛真相》：

钓鱼岛在中国著名航海家郑和下西洋的时候，已经有了文字描述。另一个历史证据是，1783年绘制的航海图和1876年日本官方绘制的日本全图，上面显示钓鱼岛不是日本的一部分。

纪录片《钓鱼岛真相》导演 克里斯蒂·里比：

世界需要知道真相，因为世界并不知道，由于西方媒体对中国的偏见，人们所了解的并不总是事实。事实是钓鱼岛是中国的，而且这一事实已经存续几百年了。

2014年新年刚过，中日驻英大使在英国BBC王牌节目《新闻之夜》展开舌战的精彩视频刷爆网络。这场不失风度的睿智交锋中，中国大使刘晓明完胜时任日本大使林景一。两天后，就有驻美、驻俄、驻哈萨克斯坦、驻厄瓜多尔等7位中国大使密集发声，揭批日本在领土和历史问题上的错误立场。

2012年12月13日，中国海监B-3837飞机抵达钓鱼岛领空，与正在钓鱼岛领海内巡航的中国海上执法船队会合，首次实现对钓鱼岛海空立体巡航。

习近平：

中国不觊觎他国权益，不嫉妒他国发展，但决不放弃我们的正当权益。中国人民不信邪也不怕邪，不惹事也不怕事，任何外国不要指望我们会拿自己的核心利益做交易，不要指望我们会吞下损害我国主权、安全、发展利益的苦果。

潮起潮涌，风起风息。在以习近平同志为核心的党中央领导下，中国始终做世界和平的建设者，致力于同各国共谋和平、共护和平、共享和平。

2014年9月，中日重启海洋事务高级别磋商；两个月后，中日双方就处理和改善两国关系达成四点原则共识。

2014年11月10日，习近平应约会见来华出席APEC会议的日本首相安倍晋三。这是所谓“购岛”闹剧后，中日领导人首次面对面会谈，世人瞩目。

习近平指出，希望日方切实按照共识精神妥善处理好有关问题。

清华大学国际关系研究院教授　刘江永：

中日之间达成四点原则共识，要坚决捍卫中国领土主权这样一个共同的决心，我们希望这个问题能够得到妥善的处理。绕开漩涡，避免冲突的危险性，推动两国关系向前发展。

作为一衣带水的邻邦，合作共赢才是大格局。2015 年 10 月和 2016 年 9 月，第十一届、第十二届“北京—东京论坛”分别在北京和东京举行，中日各界代表上千人次参与对话。2017 年 6 月，在日本福冈举办第七轮中日海洋事务高级别磋商。坚持对话，管控分歧，海上合作有序推进。

以史为鉴，避开漩涡与乱流才能行稳致远；面向未来，把握和平与发展才能不畏浮云。新时期的浩瀚东海上，对话与合作是指引更好未来的正确航向。

一段时间以来，朝鲜半岛形势复杂多变。朝鲜多次进行核试验并试射弹道导弹，美韩实施空中演习。各方针锋相对、剑拔弩张，大有山雨欲来之势。

素有“冷战活化石”之称的朝鲜半岛，一次次阴云密布。

习近平：

作为半岛近邻，我们决不允许半岛生战生乱，一旦发生这样的情况对谁都没有好处。

大洋彼岸，海湖庄园，一场会晤引发全球关注。这是习近平同美国总统特朗普第一次见面。会晤中，两位元首交换了对朝鲜问题的详细看法，并共同确认致力于实现朝鲜半岛无核化目标。特朗普后来回忆，习近平耐心地阐述了中朝关系的历史。

此后三个月里，中美元首三度通话，密切关注半岛局势。二十国集团领导人汉堡峰会，“习特会”再度举行。习近平再次强调，中国始终坚持半岛无核化与半岛和平稳定，坚持对话协商解决问题。

针对半岛局势，中方多次表示，愿同各方密切沟通协调，为维护半岛地区和平稳定作出积极努力。

外交部党委书记　张业遂：

朝鲜半岛问题，是习近平总书记和外国领导人见面时谈得最多的话题之一，中国的立场是一贯、明确的，就是“三个坚持”。坚持实现半岛无核化、坚持维护半岛和平稳定、坚持通过对话协商解决问题。

面对半岛新形势，中国在“双轨并行”思路以外，又提出“双暂停”倡议，客观公正，合情合理，务实可行。为缓解半岛紧张局势、推动重启接触对话、维护地区和平安宁继续作出重要贡献。

外交部党委书记　张业遂：

中方提出了“双暂停”倡议，就是朝鲜暂停核导活动，美韩暂停大规模联合军演。倡议的出发点就是给局势降温，为通过对话接触、政治解决问题创造条件，维护半岛和平稳定。

2017 年 7 月 6 日，德国柏林。习近平会见韩国总统文在寅，两国元首就朝鲜半岛形势交换了看法。习近平指出，中方坚持实现半岛无核化，坚持维护半岛和平稳定，坚持通过对话协商解决问题。

冉冉上升的亚洲，有着变革时代难以避免的迷茫与困惑。一方面，它是世界经济增长的重要引擎；另一方面，它又是安全威胁和冲突动荡的多发区。

习近平：

要跟上时代前进步伐，就不能身体已进入 21 世纪，而脑袋还停留在冷战思维、零和博弈的旧时代。我们认为，应该积极倡导共同、综合、合作、可持续的亚洲安全观，创新安全理念，搭建地区安全和合作新架构，努力走出一条共建、共享、共赢的亚洲安全之路。

习近平提出构建共同、综合、合作、可持续的亚洲安全观，为亚洲安全合作未来指明了方向。

2015 年 6 月 2 日上午，亚丁湾东部海域，西南风 5 级，浪高 2 到 3 米。中国海军第二十批护航编队特战队员乘坐小艇，登上中国籍“远春湖”号油轮，执行随船护卫任务。

这艘油轮装载着价值 20 多亿元人民币的原油，从亚丁湾东部海域，驶往曼德海峡南口。航运过程中的“远春湖”号，非常容易成为海盗袭扰的对象。

50 小时零距离守护，“远春湖”号一路向西，平安抵达解护点。

对往来亚丁湾海域的中国商船来说，有了这些头戴国徽的士兵、飘扬国旗的舰船，就有了保驾护航最坚强的后盾！

党的十八大以来，海外利益维护被提升到前所未有的高度。2014 年 11 月，习近平在中央外事工作会议上指出："要切实维护我国海外利益，不断提高保障能力和水平，加强保护力度。" 2015 年 5 月 26 日，中国政府发布《中国的军事战略》国防白皮书，首次提到"海外利益攸关区"概念。

中国军队"走出去"，提高维护海外利益能力，是全球化时代保障国家可持续发展的需要，对维护国内改革发展稳定大局至关重要。

截至 2017 年 7 月，中国海军保持着编队自身和被护商船"两个百分之百安全"的骄人纪录。

2017 年 7 月 11 日，广东湛江，中国人民解放军驻吉布提保障基地官兵在井冈山舰、东海岛船分区列队。

基地官兵：

出征！

这场简短而庄重的出征仪式，引发国际舆论广泛关注。作为中国人民解放军第一个海外基地，吉布提保障基地在中国军队"走出去"进程中无疑具有里程碑意义。

五年来，中国军队"走出去"的脚步日益坚定，对外军事交流与合作蓬勃发展：中国军队三军仪仗队正式亮相莫斯科红场，参加俄罗斯卫国战争胜利 70 周年阅兵；中国舰艇编队赴美国夏威夷参与"环太平洋—2016"演习；湘潭舰代表中国海军前往德国首次参加国际航海盛会“基尔周”；中国海军护航编队来到英国进行友好访问；中国海军远航访问编队抵达沙特开始访问之旅……沉稳而坚定的中国军队，向世界传递共谋和平的决心和诚意，展现维护世界和地区安全稳定的大国担当。

随着国家的发展，越来越多公民、越来越多企业走出国门，到世界各地发展。与“走出去”随之而来的，是针对海外中国企业、公民的恶性事件不断发生。在全球安全形势日趋严峻的背景下，维护国家海外利益面临的风险和挑战也比历史上任何时候都要复杂。

中方联合执法人员：

继续跟踪！

明白！

“金三角”，举世皆知的毒品产地之一。2013 年 3 月，湄公河孟巴里奥水域。潜伏多时的中老联合执法人员，锁定了向河流下游地区驶去的货船“晨宇”号。

公安部禁毒局禁制毒品处处长　于海滨：

3 月 19 日凌晨，发回的信息说这艘船只，装满了疑似的毒品，开始从梭累码头出发。

前后半年时间调查，潜伏两周，40 余人出动。水上缉毒现场瞬息万变，战机稍纵即逝。经过 3 个多小时的搜寻，中老联合执法人员最终成功拦截“晨宇”号，发现船上藏有大量冰毒！

公安部禁毒局禁制毒品处处长　于海滨：

当时这艘船的5名嫌疑犯都已被抓获。经过搜查之后，在后舱的甲板下，查获到了毒品，这批毒品是579.7公斤。

2011年10月5日上午，“华平号”和“玉兴8号”两艘商船在湄公河金三角水域被劫持，船上共有13名中国船员惨遭贩毒集团杀害。湄公河惨案举世震惊。为了维护湄公河航道安全，在中方倡导下，中老缅泰共同建立湄公河流域执法安全合作机制。

如今，“黄金水道”再现繁荣，对往来湄公河的中国商船来说，有了祖国巡逻执法船贴身守护，更安心、更踏实。

2014年7月28日，习近平在人民大会堂会见老挝人民革命党中央总书记、国家主席朱马里时指出，要深化执法安全合作，加强湄公河流域联合巡逻执法和边境管理，合力打击恐怖主义和跨国犯罪。

自2013年启动以来，“平安航道”联合扫毒行动成果累累。截至2016年底，共破获涉毒案件近两万起，抓获嫌犯两万多人，被联合国毒品和犯罪问题办公室视为地区性禁毒合作典范。

2015年，柬埔寨、越南加入“平安航道”联合扫毒行动，四国合作发展为六国联手。

湄公河流域执法安全合作机制，开辟了区域执法安全合作新路径，得到地区各国广泛支持。

泰国肃毒委员会驻华公使　阿披科：

在过去数年中，我们六国携手合作，取得了很大的成绩。

从军队“走出去”到执法力量“走出去”，“中国脚步”走到哪里，“中国保护”就跟到哪里。中国外交坚持“外交为民”，运用更丰富的资源，使用更多样的手段，探索出一条具有中国特色的海外维权之路。

2016年11月16日下午3时许，一架从美国飞来的航班在北京首都国际机场降落。潜逃海外13年之久的“百名红色通缉令”头号嫌犯杨秀珠，回国投案自首。

“百名红色通缉令”人员　杨秀珠：

我要劝劝跟我一样的这些官员，或者逃出去的这些人。你们想想看，我是“红通一号”，我们的祖国对我也就是这么礼待了，请他们快回来。

这里是中央反腐败协调小组国际追逃追赃工作办公室。

自2014年6月成立以来，为杨秀珠归案，他们做了大量工作。

中美执法合作联合联络小组反腐败工作组中方组长　蔡为：

杨秀珠她是“百名红通”之首，所以说她的归案意义重大。中美双方在杨秀珠案件上，开展了卓有成效的合作。

习近平：

腐败分子即使逃到天涯海角，也要把他们追回来绳之以法，5年、10年、20年都要追，切断腐败分子的后路。

2014年6月成立中央追逃办，同年7月，部署“猎狐”行动；2015年3月，启动“天网”行动；同年4月，公布“百名红通令”……

天网恢恢，虽远必追。党的十八大以来，反腐败国际追逃追赃工作持续深入推进，雷厉风行、拳拳到位。

时任中央反腐败协调小组国际追逃追赃工作办公室负责人　刘建超：

总书记明确把追逃追赃工作、反腐败执法合作要求纳入外交工作的整体布局。他 80 多次在不同的国际场合来提起此事，取得了非常大的成效。

2014 年 11 月，北京雁栖湖，亚太经合组织第二十二次领导人非正式会议正式通过《北京反腐败宣言》。

习近平：

我们大力推动亚太反腐败合作，建立亚太经合组织反腐败执法合作网络，就追逃追赃、开展执法合作等达成重要共识。

这是第一个由我国主导起草的国际反腐败宣言，也是 APEC 历史上第一次以一国首都命名的反腐败宣言，让全世界看到了中国在反腐败问题上的坚定立场。

外交部长　王毅：

我们的目标就是要打消所有违法分子的幻想，让他们明白，海外不是法外，避罪没有天堂。

一些西方国家逐渐抛弃成见，与中国更积极开展反腐合作。一系列要犯从美、加、澳、新等国被劝返、遣返和引渡。

“百名红色通缉令”人员　王国强：

今天受党和国家政策的感召，我从美国又回到了中国，接受组织的审查。

五年来，以习近平同志为核心的党中央大力加强反腐败国际合作，密织全球反腐“天网”，坚定维护国家和人民利益。海外再不是“避罪天堂”。

截至2017年5月底，通过“天网”行动先后从90多个国家和地区追回外逃人员3051人，追回赃款人民币90.98亿元。截至7月底，“百名红通人员”到案43人。惩治腐败，中国坚定不移！

从南海维权、钓鱼岛巡航，到与“台独”“藏独”“疆独”等分裂势力做斗争，习近平引领中国外交锐意进取、破浪前行。在维护国家主权、安全和发展利益的斗争中，中国外交有定力、有魄力，不辱使命、无愧担当！

习近平：

中国人民珍爱和平，我们决不搞侵略扩张，但我们有战胜一切侵略的信心。我们绝不允许任何人、任何组织、任何政党、在任何时候、以任何形式、把任何一块中国领土从中国分裂出去，谁都不要指望我们会吞下损害我国主权、安全、发展利益的苦果。

我们是这样说的，也是这样做的。

第五集 东方风来

第五集《东方风来》完整视频

这是一粒大米穿越千年的丝路之旅。

北宋年间，中国从东南亚引入耐旱多产的“占城稻”，使得苏皖浙赣地区粮食大幅增产。一千年后的今天，中国企业家把中国的技术标准带回了东南亚的老挝等地，造福中老两国人民。

2014 年，徐国武随湖南省“一带一路”考察团来老挝寻找项目，当即决定在这里投资。把他留下来的，是那一缕记忆深处的大米香。

徐国武想把老挝大米出口中国，却发现并没有那么简单。老挝大米并不符合严格的出口国际标准。

老挝工贸部长　开玛妮·奔舍那：

好久好久，好几年我们真的想让老挝（大米）有一个正式的出口的频（渠）道，可是没有哪家能够做到。

“一带一路”的提出，让徐国武看到了希望。他下定决心投资建厂，用了三年时间，把老挝大米出口的产业链从无到有建立起来。老挝稻米终于在 2016 年结束“零出口”历史，走进中国市场。

中国企业家　徐国武：

我们所做的一切，就是要让当地的政府和老百姓，相信我们，认可我们，是真正来这里为他们做事，与他们形成命运共同体，共同发展。

老挝工贸部长　开玛妮·奔舍那：

我总是想到习主席的一句话，他说："人民对美好生活的向往，就是我们的奋斗目标。"

如同那粒为中老人民带来幸福与温饱的大米种子，"一带一路"倡议也为中国与世界的未来撒下希望的种子。

如何抓住机遇、推进中国新一轮高水平对外开放？怎样在合作中实现共赢、引领世界经济走出低谷？"一带一路"倡议，正是习近平勇立时代潮头，着眼各国共同发展作出的响亮回答。

习近平：

这项倡议源于我对世界形势的一些观察和思考。

在各国彼此依存、全球性挑战此起彼伏的今天，单凭单个国家的力量难以独善其身，也无法解决世界面临的问题。只有对接各国彼此政策，在全球更大范围内整合经济要素和发展资源，才能形成合力，促进世界和平安宁和共同发展。

沿历史长河溯流而上，绵亘万里的古丝绸之路，留下无数宝贵遗产，赋予后人深刻启迪。2013 年金秋 9 月，在古丝绸之路经由地哈萨克斯坦，习近平鉴往知来，向世界发出共建丝绸之路经济带的真诚邀约。

习近平：

2100 多年前，中国汉代的张骞肩负和平友好使命，两次出使中亚，开启了中国同中亚各国友好交往的大门。

古丝绸之路见证了“使者相望于道，商旅不绝于途”的盛况，迎来汉唐盛世，也推动了地区大发展、大繁荣。

习近平：

我们可以用创新的合作模式，共同建设“丝绸之路经济带”。

南宋时期，海上丝绸之路逐步繁盛，见证了海上“舶交海中，不知其数”的繁华。

向海而生，向海而兴。无论在福建、浙江、上海等沿海地区主政一方，还是作为国家主席谋划全局，习近平对海洋的思考从未停止。

国家海洋局战略规划与经济司司长　张占海：

从总书记主政地方，到主政全国，他对于海洋就提出了建设海洋强国的（思想）。这也就是为什么他能提出 21 世纪海上丝绸之路建设，这样一个引导未来发展的重要倡议。

2013 年 10 月，在郑和下西洋曾经到访过的印尼群岛，习近平向世界勾勒共建 21 世纪海上丝绸之路的宏伟蓝图。

习近平：

东南亚地区自古以来就是“海上丝绸之路”的重要枢纽，中国愿同东盟国家加强海上合作，发展好海洋合作伙伴关系，共同建设21世纪“海上丝绸之路”。

“一带一路”倡议呱呱坠地！它充满了生机，代表着创新，在中国梦与世界梦之间架起沟通的桥梁。它将怎样改变中国？又将给世界什么样的惊喜呢？

丝路兴，中国兴，世界兴。“一带一路”的提出唤醒了繁盛丝路的历史基因，为世界经济发展提供了新的动力。

意大利前总理　罗马诺·普罗迪：

作为一个意大利人，这是历史的一个记忆。当年的丝绸之路，是从威尼斯到中国，而现在（丝绸之路）又回来了。

从顶层设计，到愿景规划，到落地生根，习近平亲力亲为，在国内外多个重要场合亲自推动“一带一路”。

外交部副部长　李保东：

总书记是“一带一路”倡议的提出者，更是这一伟大构想的传播者和实践者。

为了更好地推进“一带一路”建设，中央决定成立推进“一带一路”建设工作领导小组。

2014年11月4日，习近平主持召开中央财经领导小组会议，专题研究“一带一路”规划、发起建立亚投行和设立丝路基金。

2015年3月28日，国家发改委、外交部、商务部联合发布《推动共建丝绸之路经济带和21世纪海上丝绸之路的愿景与行动》。

国家发展和改革委员会，推进“一带一路”建设工作领导小组办公室就设在此处，这里见证了“一带一路”建设的伟大实践。

国家发展改革委主任　何立峰：

习近平总书记提出的共建“一带一路”的伟大倡议，我认为是我国相当长时间内对外开放、对外合作的一个顶层设计。中央决定要成立推进“一带一路”建设工作领导小组。我理解就是为了进一步加强统一领导，统筹谋划和协调推进“一带一路”建设，并且及时解决在这个过程当中出现的各种矛盾、问题。

习近平：

第一个问题，讲讲推进“一带一路”建设对于我国发展的历史意义。

中科院地理资源所“一带一路”战略研究中心主任　刘卫东：

总书记是站在历史的高度和全球的视野来推动“一带一路”的建设，在“8·17”座谈会里面，他讲到了，我们要以钉钉子的精神扎实地把“一带一路”建设推向前进。

习近平：

“一带一路”，历史上它是中国打开封闭之门，向外开放，和睦邻邦，并且造成了东西方文明的交融，一个历史上的现象。所以理念的东西就要贯彻，贯彻就要部署要落实，而且落实是一分部署，九分落实。

外交部长　王毅：

“一带一路”倡议之所以能够众望所归，首先是契合了各国求发展、谋合作的共同愿望；第二是中国倡导的共商、共建、共享的原则被广泛地认同和接受；第三是我们的做法是与各国对接发展战略，平等互利合作。

为倡议更多国家加入“一带一路”建设，习近平在各个双边、多边外交舞台上亲自沟通、增信释疑，赢得多国领导人的信任与支持。

俄罗斯是新亚欧大陆桥和中蒙俄两大经济走廊中的重要国度。新丝路上，中俄战略对接正当其时。

习近平在多个外交场合与俄罗斯总统普京互动，推动俄罗斯深度参与“一带一路”建设。

2014 年 9 月，习近平会晤普京及蒙古国总统，提出将丝绸之路经济带与俄罗斯跨欧亚大铁路、蒙古国草原之路倡议进行对接。

2015 年，中俄首脑在俄罗斯发表联合声明，对接“一带一路”建设与欧亚经济联盟建设。

如今，不仅是欧亚经济联盟，“一带一路”建设与东盟“互联互通总体规划”、哈萨克斯坦“光明之路”、土耳其“中间走廊”、蒙古国“发展之路”、越南“两廊一圈”、英国“英格兰北方经济中心”、波兰“琥珀之路”、沙特阿拉伯“2030 愿景”、欧洲“容克计划”等，一一实现对接。

俄罗斯总统　普京：

大家都赞成在习近平提出的丝绸之路经济带设想框架内发展我们同中国的合作。

如同孩子的成长总要经历各种各样的考验，“一带一路”的成长之路也不例外，但每一次考验，都让它更茁壮，更有生命力。

2014 年 9 月，习近平访问斯里兰卡，与斯里兰卡领导人共同见证了科伦坡港口城开工。2015 年 1 月，斯里兰卡新政府上台后，对前政府批准的一些项目进行全面审查，一些项目被暂停甚至取消。科伦坡港口城也受到影响。

中国交通建设集团有限公司董事长　刘起涛：

我们这合同是（同）老政府签的，跟原来政府签的，新政府上台以后，经历了一些波折。

此后，习近平在各个场合多次会晤斯里兰卡领导人。

习近平：

中斯友好符合两国人民的根本利益，无论国际风云和国内局势如何变动，我们双方都应该坚持中斯友好、合作共赢。

2015 年 3 月，来华访问的西里塞纳总统向习近平表示，科伦坡港口城出现的情况是暂时的，问题不在中方。2016 年 8 月，中国企业与斯方签署港口城项目新协议；9 月 29 日，港口城重启建设。

中国交通建设集团有限公司董事长　刘起涛：

新政府由原来的不理解到后来的理解，再到后来的支持，在这过程当中双方总是互利互赢的，这是我们的精神。

今天，中国企业在这里投资和建设的科伦坡港口城，被斯里兰卡人民寄予厚望，希望它成为“印度洋上的浦东”。

他叫桑吉瓦，斯里兰卡人。20多年前，桑吉瓦从清华大学毕业，如今正努力和中国企业一起携手建设自己的国家。希望科伦坡港口城将来能像纽约的曼哈顿以及上海的陆家嘴一样，配套设施完善，人民安居乐业。

科伦坡港口城建设者　桑吉瓦：

让我们撸起袖子加油干！

习近平：

我提出"一带一路"倡议，就是要实现共赢共享发展。目前，已经有100多个国家和国际组织积极响应支持，一大批早期收获项目落地开花。

新亚欧大陆桥、中蒙俄经济走廊、中国—中亚—西亚经济走廊、中巴经济走廊、中国—中南半岛经济走廊、孟中印缅经济走廊——"六大经济走廊"编织出沟通亚非欧的经贸和交通网络，为地区和跨区域发展规划奠定了坚实基础。

2015年习近平的首次出访，选在了巴基斯坦。那里是"一带一路"海陆交汇之处。

机场、会场、街道，处处挤满热情的民众。道路两侧数不清的标语、横幅，一笔一画书写着中巴之间的深厚情谊。

巴基斯坦议会。习近平30多分钟的演讲，掌声多达50多次。"一带一路"的伟大构想更是赢得了巴各党派领导人的热烈赞赏和强烈共鸣。

习近平：

中巴经济走廊是中巴实现共同发展的重要抓手。我们要发挥走廊建设对两国务实合作的引领作用，以走廊建设为中心，以瓜达尔港、能源、基础设施建设、产业合作为重点，形成“1+4”合作布局。

21世纪海上丝绸之路上，众多港口在中资企业的建设、投资和运营下，犹如一颗颗海上明珠熠熠生辉。2014年2月，瓜达尔港成为中巴“一带一路”合作的旗舰项目。三年来，中国企业克服困难，修复和完善了瓜达尔港港口作业能力，积极推进配套设施建设。

瓜达尔，乌尔都语的意思是“风之门”，而“一带一路”建设将这里变成了“财富之门”。

中国海外港口控股有限公司董事长　张保中：

能够把自己的工作融入到国家发展、民族发展的命运当中，我觉得这才是真正的有意义的人生。

瓜达尔港自由贸易区建设将创造数以千计的就业机会，其中海产品加工厂更是直接惠及当地渔民，为瓜达尔居民带来实实在在的好处。

瓜达尔自由区员工　哈桑：

中国人正致力于这个城市的发展，我们很想看到我们的子孙也能从中受益。

瓜达尔自由区员工　达度勒·尤瑟夫：

很多时候，人们会缺乏远见。但总有有想法的人，会思考未来会怎样，中国人是这片地区唯一的希望。

中国港控瓜达尔自由区有限公司副总经理　胡耀宗：

他说“中国人来瓜达尔是当地人唯一的希望”，听到这句话我觉得吃点苦也值得。

志合者，不以山海为远。从张骞的“凿空之旅”，到郑和七下西洋，我们的祖先在极为艰难的条件下穿梭往返，书写了无数互联互通的传奇故事。

习近平：

今天，我们要建设的互联互通，不仅是修桥修路，不光是平面化和单线条的联通，应该是政策沟通、设施联通、贸易畅通、资金融通、民心相通五大领域齐头并进。

国家发展改革委副主任　王晓涛：

政策沟通是重要保障，设施联通是优先领域，贸易畅通是重点内容，资金融通是重要支撑，民心相通是社会根基。

丝绸之路上的乌兹别克斯坦东部的费尔干纳盆地地区，长期以来，大山与河流横亘在盆地与其他地区之间，交通需要借道塔吉克斯坦100多公里，极为不便。

来自中铁隧道集团的建设者们，凭借世界领先的专业技术和不畏艰险的职业精神，历时不到三年，就打通了全长19.2公里的中亚第一长隧“安格连—帕普”铁路隧道。

2016年6月，隧道正式通车，比原计划提前了近100天，创造了中国企业海外隧道施工的新纪录，更改变了乌境内运输需要绕道他国的窘境。

习近平：

首先，我代表中国政府和中国人民，并以我个人的名义，对铁路隧道建成通车表示热烈的祝贺！

时任乌兹别克斯坦总统　卡里莫夫：

借此机会，向中方施工人员表示感谢！对乌兹别克斯坦来说，这是值得庆祝的一天，将载入历史！

中国中铁股份有限公司董事长　李长进：

总统卡里莫夫，非常激动，大家都站起来，一会儿站起来鼓掌，一会儿站起来鼓掌。他们一站起来鼓掌我们也跟着站起来鼓掌。

所以我们感觉，习主席不光想到中国的老百姓，我觉得他还想到了全世界的老百姓，这就是他的胸怀。

中南半岛上的老挝，是中国的好邻居、好朋友、好同志、好伙伴。多少年来，老挝全境只有一段 3.5 公里的铁路，很多老挝人没有坐过火车。建设一条让老挝走出“陆锁国”的铁路，搭上经济腾飞的列车，是几代老挝人的梦想。

中国中铁老挝铁路项目建设指挥部指挥长　黄宏：

中老两国政府的最高层，每年会晤的主题之一就是中老铁路。

老挝交通部副部长　腊塔纳曼尼：

想要发展就必须有好的交通道路，“一带一路”倡议将连接海陆交通运输，这对区域内各国以及沿线国家非常重要。

中老铁路已经开工。它将连接中国南部口岸和老挝首都万象，全长414公里，将穿越老挝多个省市，成为拉动老挝经济发展的火车头。

老挝当地村长　乔普冯·塞萨尼：

我还没坐过（火车），如果有了铁路，去看看中国发展成什么样了。

依坎·潘达拉是中老铁路沿线的一位县长，伫立窗前，她憧憬着未来，仿佛已经看到了这片土地的变化。

老挝丰洪县县长　依坎·潘达拉：

希望我们老挝不断进步和繁荣。

从非洲的铁路工地转战到老挝的铁路员工徐州，用青春和汗水和千百位中国铁路人一起，把中国铁路的品质和速度带到了海外。

中老铁路第六标段项目经理　徐州：

在不久的将来，将会有一条由中国人修建的崭新的铁路呈现在老挝人民面前，想想这个事情就是很开心，很幸福。

老挝歌手　阿提萨·拉达那冯：

（老挝语歌曲《一带一路》）

“一带一路”，我说您听。

“一带一路”，齐心协力，互利共赢。

“一带一路”……

习近平主席，高瞻又远瞩。

丝绸之路，你我肩并肩，携手创辉煌。

“一带一路”，有你有我……

2014 年 3 月 29 日，正在德国访问的习近平站在杜伊斯堡港火车站站台上，见证一列来自重庆的中欧班列，在跨越万里、贯穿欧亚大陆之后，满载货物，缓缓抵达终点。

中国铁路总公司副总经理　李文新：

习主席对中欧班列的高度重视和关心支持，为中欧班列发展指明了方向，提供了强大动力，创造了极为有利的条件，极大鼓舞和激励了铁路干部职工。

2016 年 6 月 20 日，习近平与波兰总统杜达在华沙共同出席统一品牌后的中欧班列首次到达波兰的仪式。这趟列车来自成都，装满了来自中国的商品。杜达总统则亲自当起推销员，希望回程中欧班列能满载新鲜的波兰苹果。

习近平：

来一口……不错。

“一带一路”提出四年来，中欧班列迅猛发展，从最初的渝新欧一条线路，发展到数十条。截至 2017 年 5 月，中欧班列运行线 51 条，国内开行城市达到 28 个，到达欧洲 11 个国家 29 个城市，累计开行超过 4000 列，为各国开展更大范围、更高水平、更深层次的区域合作提供了平台，让经济的血脉更加通畅。

中国铁路总公司副总经理　李文新：

习主席说，欢迎大家搭乘中国发展的列车。我们觉得中欧班列就是中国发展惠及世界的既具有象征意义、又取得实实在在成果的这样一列快车。

在西班牙，酒庄的历史大都有百年之久，被运到这里的葡萄通过精致的工艺酿造成举世闻名的佳酿。

2014 年 11 月，连接中国义乌和西班牙马德里的中欧班列开通。它从新疆阿拉山口口岸出境，途经 6 个国家，穿越 1.3 万公里的长途，21 天后抵达目的地。

在中欧班列面前，道路畅通了，世界变小了。

商务部副部长　钱克明：

贸易便利化水平的提高，中欧班列的开通，有力地促进了“一带一路”的贸易畅通。现在我国每年和沿线国家的贸易额都超过了 1 万亿美元，我们的很多优质产品出口到沿线国家，沿线国家的优质产品也源源不断地运往中国，使各国的老百姓都得到了实实在在的好处。

“一带一路”倡议在提高各国互联互通水平、为全球经济注入动力的同时，也为中国经济转型升级赢得了广阔的发展空间和良好的国际环境。

“一带一路”建设，打破壁垒、拉近距离、联通民心，为企业走向全球，不断发展壮大创造了条件；为学子、游客行走天下提供了便利；也吸引来自世界各地的企业与客人，带来丰富多彩的商品、技术和文化。

中国社科院中国边疆研究所副所长　李国强：

中国的经济要持续发展离不开世界，中国人民要获得更好的更多的幸福感，也需要不断地深化改革开放，路径何在，“一带一路”提供了重要的路径。

“一带一路”的成长历程中，金融是血脉。亚洲基础设施投资银行的成立和丝路基金的设立，意义非凡。

2016 年 1 月 16 日，亚洲基础设施投资银行开业仪式在北京举行。习近平为亚投行标志物“点石成金”揭幕。

点石成金，来自中国的一个神话典故。它凝聚了大大小小国家合作共赢、梦想成真的共识。

亚投行诞生前后，美日等国和一些西方媒体不断质疑。然而英国不顾阻力，成为第一个加入亚投行的西方大国。德国、法国、意大利等国紧随其后，体现出欧洲国家对亚投行理念和价值的认同，对中国倡议的多边共赢创举的信任。亚投行仅创始成员国就达到 57 个。

亚洲基础设施投资银行行长　金立群：

由于我们的成员国不仅仅是亚洲国家，还有比如说非洲国家、拉丁美洲（国家）、中东欧国家，所以只要这些国家的基础设施投资项目有利于推动亚洲的经济发展，我们同样可以对这些国家提供贷款。从这个意义上来说，这不是一个亚洲地区的银行，这是一个全球性的银行。

“一带一路”建设，既需要经济合作，也需要真情交流和民心共振。“一带一路”建设的所有成果，归根结底是要造福各国人民，让一个个普通的民众得到实惠。

中共中央对外联络部部长　宋涛：

外交归根结底是做人的工作。我们始终从构建人类命运共同体的高度来认识和把握民间外交，积极推动社会组织走出去，打造民生项目，促进民心相通。

在瓜达尔，流传着一段中国和平发展基金会与当地老人捐资捐地、共同助学的佳话。

中国和平发展基金会副秘书长　俞小萱：

我们派了工作组去考察，看看在哪些方面能够配合中巴经济走廊的建设做一些工作。我们就到了瓜达尔港，特别到了法曲尔地区，我们发现那儿一所学校都没有，我们工作组就感觉到是不是能建所学校。

听到援建学校的消息，当地一名叫沙伊尔·穆哈迈德的老人无偿捐出了自家700多平方米的土地。老人并不富裕，一下子捐出这么多土地，就是要抓住这个难得的机会，让子孙后代能接受教育，拥有更好的未来。

学校很快开工，沙伊尔和当地村民、孩子们每天到现场守望。对开学的期待，成了他们生活中的一部分。

中国和平发展基金会　柏安民：

当地的老百姓每天拿一个毯子，很多小孩、村民就坐在那儿，他们这个习俗就是坐在那儿，就看着这个学校一天一天往上建。

如今，在这里上学的孩子们，为自己是“中国学校”的学生而自豪。

巴基斯坦　法曲尔小学女生：

(英语歌曲《友谊地久天长》)

怎能忘记老朋友

友谊地久天长

我的朋友

友谊地久天长

……

历史上的丝绸之路，见证着交通往来和商贸兴盛，也留下多姿多彩的文明互鉴篇章。

陕西，古丝绸之路的必经地。30 年前，这里的一项大发现震惊世界。考古人员从法门寺地宫中发现大量文物，其中包括 20 多件美轮美奂、极具异域风情的琉璃器。

习近平：

这是唐代传入中国的东罗马和伊斯兰的琉璃器。我在欣赏这些域外文物时，一直在思考一个问题，就是对待不同文明，不能只满足于欣赏它们产生的精美物件，更应该去领略其中包含的人文精神。

让文物说话，让历史说话，让文化说话。“一带一路”上，“文明因交流而多彩，文明因互鉴而丰富”。

习近平：

弘扬丝路精神，就是要促进文明互鉴。人类文明没有高低优劣之分，因为平等交流而变得丰富多彩，正所谓“五色交辉，相得益彰；八音合奏，终和且平”。

清晨，吴哥古城刚刚苏醒。古城曾经沉睡在柬埔寨茂密雨林之中，不为外界所知。数百年后，吴哥古城重见天日，吴哥文化却早已失传。为吴哥寻回失落记忆的，有一家中国文化企业。“云南文投”在这里打造舞台剧《吴哥的微笑》，再现尘封历史，演绎那一抹神秘微笑背后的故事。

柬埔寨暹粒演艺投资有限公司总经理　傅开庭：

以文化的方式，来提高他们的认知力，让他们感受到，通过文化，他们了解世界，也了解我们中国。

柬埔寨暹粒演员　皮克迪：

我非常高兴参加《吴哥的微笑》，把吴哥文化传播出去，还把自己所学展现出来。

很多当地演员从来没有经过专业训练。皮克迪白天是一家西餐厅服务员，晚上却化身舞台上的一位“仙女”。从小喜欢跳舞的她，因为这部舞台剧，登上了人生梦想的殿堂。

中国企业投资、搭台，柬埔寨演员表演，让来自世界各地的观众领略柬埔寨文化之美，真可谓美人之美，美美与共。而“共”，正是“一带一路”倡议的关键字，依照“共商、共建、共享”，打造人类命运共同体。

法国前总理　让-皮埃尔·拉法兰：

中国推崇一个多极的世界，并希望各极之间保持平衡。因此自然而然地，中国会提出这样一个构想。一方面能将整个亚洲团结起来联合起来，另一方面能让亚洲走向世界。

英国社会科学院院士　马丁·阿尔布劳：

所有的国家都知道他们必须与其他国家联系起来。“一带一路”不是靠某种意识形态把这些国家联系起来，而是用一种实际的方式把他们联系起来，一种他们欣赏的方式。

四年来，“一带一路”建设成果超出预期。经济走廊建设稳步推进，互联互通网络逐步成型，贸易投资大幅增长，重要项目合作稳步实施。习近平擘画的“区域大合作”正在逐步形成。雅万、亚吉、蒙内等铁路项目，希腊比雷埃夫斯港、斯里兰卡汉班托塔港等港口项目，中白工业园、孟加拉国帕德玛大桥等一大批项目纷纷落地。

截至2016年底，我国企业已在“一带一路”沿线20个国家建有56个经贸合作产业园区，累计投资185.5亿美元，为东道国创造超过10亿美元的税收，提供超过17万个就业岗位。

各国民众：

它给我们带来光明。

我在这里为我的家乡服务。

我相信很快将看到穿行的火车。

创造一个全新的亚洲。

我们的明天会更好。

“一带一路”，我们在柬埔寨。

2017年5月的北京，张开双臂迎接世界各国参加“一带一路”国际合作高峰论坛的嘉宾。这次盛会是新中国成立以来举办的层级最高、规模最大的一次主场外交活动，也是党的十八大以来中国特色大国外交又一次成功实践。

习近平：

古丝绸之路沿线地区曾经是“流淌着牛奶和蜂蜜的地方”，如今很多地方却成了冲突动荡和危机挑战的代名词，这种状况不能再持续下去。

我们要将“一带一路”建成繁荣之路。发展是解决一切问题的总钥匙。推进“一带一路”建设，要聚焦发展这个根本性问题。

习近平在高峰论坛上发表重要讲话，要将“一带一路”建成和平之路、繁荣之路、开放之路、创新之路、文明之路。

联合国秘书长　安东尼奥·古特雷斯：

“一带一路”倡议作出了重要贡献，它有利于加强各国团结应对全球挑战，而这是通过国际合作实现的。中国在其中扮演中心角色。

国际货币基金组织总裁　拉加德：

中国提出的“一带一路”倡议是一个非常具有积极意义的提议，它的积极性体现在促进增长方面。

世界银行行长　金墉：

我们想让全球市场体系为在“一带一路”沿线上的每个人服务。

克罗地亚总统　基塔罗维奇：

我觉得我们可以通过这个倡议，把克罗地亚和中国连接起来，这样双方都能获益。

肯尼亚总统　乌胡鲁·肯雅塔：

我觉得不仅仅给肯尼亚带来转变，对整个非洲地区也是如此。

国家发展改革委主任　何立峰：

在这次“一带一路”国际合作高峰论坛当中，能够来29个国家的元首和政府首脑，以及主要国际组织的负责人，还有其他140多个国家和地区的代表都来参与。这就说明我们这个共商、共建、共享的原则得到了广泛的认可。

“一带一路”国际合作高峰论坛成功举办，是中国梦与世界梦相互融通、相互促进的生动体现，引发世界媒体和全球学者热议。

邓普顿新兴市场团队执行主席　麦朴思：

我相信美国会参加“一带一路”，因为它会让很多美国公司从中受益。

科文顿·柏灵律师事务所合伙人　蒂莫西·斯特拉特福德：

我相信中国正在构建一个更加开放的平台，让参与的国家都能够受益。

席勒研究所研究员　理查德·特里凡：

这是一个历史性的工程，可能是最大的国际成就，堪比探索宇宙，登上月球和其他星球。

2016年11月17日，第七十一届联合国大会首次将“一带一路”倡议写入决议，体现了国际社会对推进“一带一路”倡议的普遍支持。三个月后，人类命运共同体写入联合国多份相关决议。

以开放促改革、以开放促发展。“一带一路”，正是中国全方位对外开放的新理念新实践。

党的十八大以来，以习近平同志为核心的党中央把“开放”纳入新发展理念，推动对外开放不断迈上新台阶。

开放的中国，欢迎各国分享中国发展机遇，也为世界发展持续注入新活力。

四年来，“一带一路”从倡议变为行动，从愿景走向现实，是中国特色大国外交的生动实践，成为中国向世界提供的广受欢迎的重要公共产品。

世界大同，天下一家。“一带一路”合奏着历史和现实的壮丽交响，承载着构建人类命运共同体的伟大梦想，正以开放包容的胸怀，蓄满和平发展的能量，扬起合作共赢的风帆，必将推动中国与世界迈向更加繁荣美好的未来！

第六集 美美与共

第六集《美美与共》完整视频

津巴布韦总统　罗伯特·加布里埃尔·穆加贝：

他是个男子汉，他是个男子汉。

美国总统　唐纳德·特朗普：

我超喜欢他，我觉得我们产生了不错的化学反应。

智利总统　米歇尔·巴切莱特：

他胸怀远大的理想，知道想要去往哪里，非常清楚中国需要什么。

法国总统　埃马纽埃尔·马克龙：

总而言之，我认为他是当今世界最伟大的领导人之一。

英国伦敦，圣保罗演员教堂。一部跨越400年时空的剧目正在上演。戏剧大师莎士比亚与汤显祖在这里相遇相知。昆曲的虚拟夸张和莎剧的含蓄内敛碰撞融合，交织出一场充满创意的中西艺术对话。

习近平：

汤显祖与莎士比亚是同一个时代的人。中英两国可以共同纪念这两位文学巨匠，以此推动两国人民交流、加强相互的理解。

增进相互了解，语言文学是一把好的钥匙。访英期间，习近平专门出席了全英孔子学院和孔子课堂年会开幕式。英国大学生康可作为2015年欧洲“汉语桥”比赛的冠军，在开幕式上朗诵了一首习近平主席1990年7月15日填的词。

复旦大学留学生　康可：

《念奴娇·追思焦裕禄》：魂飞万里，盼归来，此水此山此地。百姓谁不爱好官？把泪焦桐成雨。生也沙丘，死也沙丘，父老生死系。暮雪朝霜，毋改英雄意气！

习近平：

他的普通话讲得非常好，比我们来的很多中国人讲得都好，他的朗诵比我朗诵得也好。

复旦大学留学生　康可：

我觉得习主席他是非常的幽默，因为他不仅是可以打动所有人的心里，让大家都觉得很感动，都想听他说的话，但是他也可以让大家笑起来，他不像一个领导人，他就像一个普通的老百姓，和大家一起接触。

康可跟随父母在中国读中学，当时因为老师布置的一篇作文开始了解焦裕禄，康可仔细阅读了相关书籍。焦裕禄带领兰考百姓治沙，带病工作到生命最后一刻的故事，让康可深受感动。

复旦大学留学生　康可：

一句一句地去理解习主席这首诗词的意思，就是看到他和焦裕禄一心是为了老百姓。我觉得习主席在理解焦裕禄精神上面，是想把焦裕禄精神带到现代，然后利用这个焦裕禄的精神，也让老百姓过上好日子，也就是我们所说的这个中国梦。

走得再远，也记得来时的路。心系百姓是习近平未曾忘记的初心。

习近平：

夙夜在公，真正是担任这样的职务，就是把人民放在最高的位置上，始终牢记责任重于泰山。

这是习近平当选国家主席后，首次接受中外媒体联合采访。朴实的言语，坦诚的表达，道出了他最牵挂的人，最看重的事。也正是通过这次采访，外界了解到他的一些个人爱好。

习近平：

我最大的爱好就是读书，读书已经成为自己的一种生活方式。读各类书，我想这是一个终身的爱好。

首次出访俄罗斯的时候，在与汉学家座谈中，习近平顺口说出了十几位著名俄罗斯作家的名字，并回忆说，影响他很深的是车尔尼雪夫斯基的作品。

习近平：

我记得受影响很深的还是车尔尼雪夫斯基的《怎么办》。因为那会儿我在农村插队，看到里面那个革命家苦行僧式的生活，睡钉板，我们在这里也要学这一套。下雨天都得出去淋雨，冬天到雪地里去摸爬滚打。

饮水不忘挖井人。在俄罗斯纪念卫国战争胜利 70 周年庆典期间，习近平为曾经在华参加抗日战争的俄罗斯老战士颁奖。一名俄罗斯老兵紧紧握住习近平的手，轻轻吻了一下。习近平也紧紧握住他的手，深情地望着他。

习近平：

我过去，您别站起来了。

当习近平看到 90 岁高龄的老兵谢尔盖耶夫腿脚不便，马上快步走向前去为他颁奖。

俄罗斯老兵：

谢谢您，主席同志，感谢您对我们的关照。

习近平心中惦念的不仅仅是这些为援华作出贡献的老兵，还有相识多年的老朋友。在遥远的澳大利亚塔斯马尼亚州，习近平珍藏着一份历经 13 个春秋的夙愿。2001 年，当时的塔州州长培根到访福建，并盛情邀请他到塔州走一走、看一看。13 年后的 2014 年，习近平履行了自己的承诺，在对澳大利亚进行国事访问期间，特地前往塔斯马尼亚看望已故州长培根的家人。

习近平：

当时的情景历历在目。当年他也向我发出了邀请，希望我来访问。

澳大利亚已故前州长夫人　哈妮·培根：

他（培根）曾经非常期待您访问塔斯马尼亚州。

习近平：

所以我此次来这里，我觉得也是了却了一个心愿，对一个友人的心愿。

几张照片，相纸发黄，印记已淡。习近平和培根家人一起细细翻看，沉浸在十几年前的回忆之中。这样温馨的画面，一年以后在钓鱼台又一次出现。这次与习近平见面的是30多年前访美时的房东德沃切克夫妇一家。

习近平：

当时吃完早餐，你要带着女儿去上班和上学，我们说到门口照一张相。

美国艾奥瓦州马斯卡廷市市民　汤姆·德沃切克：

我们搬家到了佛罗里达州，遗失了很多老照片。

美国艾奥瓦州马斯卡廷市市民　埃莉诺·德沃切克：

其实没有必要送我们礼物。您与我们相处的时间和这种友情已经足够了。

美国艾奥瓦州马斯卡廷市市民　埃莉诺·德沃切克：

我们准备的也是一些照片作礼物。

习近平：

30年的友谊，你看看。

外交部部长助理　秦刚：

国之交在于民相亲，从习主席的身上体现了我们中华民族这种重情义。这一点并不因为他当了国家主席而改变，他愿意同世界各国的、普通的各界百姓交朋友，并且善于同他们沟通交流。

用岁月把友情酿成香醇的美酒。这份浓浓的人情味，不仅让世界感受中国外交的温度，也让外国百姓把对中国的喜爱真正放进心底。

2014 年 8 月，津巴布韦总统穆加贝访华。习近平搀扶着 90 多岁高龄的穆加贝走下观礼台，开始阅兵。穆加贝，曾被西方誉为民主典范的非洲领导人，后因收回当年殖民者掠夺的土地而受到西方的种种孤立和制裁。习近平以最高规格的礼遇接待了这名中国人民的老朋友。

外交部部长助理　秦刚：

习主席有意地来放慢脚步等他，这也体现了习主席对穆加贝总统的尊重，对长者的尊重。

小范围会谈期间，年事已高的穆加贝始终闭着眼睛，回忆他和中国历届领导人的交往。原定半个小时的会谈延长到了一个多小时。

时任外交部非洲司司长　林松添：

我们习近平主席视线一刻、一分钟都没有离开穆加贝总统。很专注地倾听一个老人，一个老朋友，一个非洲元首级的领袖，诉说他的故事、他的期盼。

习近平：

中津传统友谊是在我们并肩反帝、反殖、反霸的辉煌岁月中凝结而成的，体现出双方共同遵循的独立自主、相互尊重、反对外来干涉的对外关系的基本原则。

从小范围会谈到大范围会晤，再到欢迎晚宴，原定两个半小时的活动延长到五个多小时。习近平始终耐心陪同着穆加贝。按照外交礼仪，晚宴即将结束时，通常由礼宾官加以提示。

外交部部长助理　秦刚：

由于穆加贝总统上了年纪了，他吃饭也比较慢，习主席专门吩咐身边的礼宾官说不要催，让他慢慢吃，我们大家都等他。

一年以后，习近平应穆加贝的邀请访问津巴布韦。穆加贝亲自携夫人和政府官员到机场迎接。

时任外交部非洲司司长　林松添：

手拉手拉着。我觉得这种信号是清晰的，而且是应该能打动人心的，这个就是“真、实、亲、诚”。

访问圆满结束后，穆加贝又一次和习近平手拉手，亲自到机场为他送行。几天后，习近平在中非合作论坛约翰内斯堡峰会上，宣布了互利共赢的中非“十大合作计划”。

津巴布韦总统　罗伯特·加布里埃尔·穆加贝：

让我们为他鼓掌，鼓掌。他是个男子汉，他是个男子汉。他代表一个曾经贫穷的国家，一个从未殖民他国的国家。但是他现在就在这里，他正在做我们曾经期待殖民者做的事。如果当年的殖民者有耳朵，请他们也听听。我们会说，他是上帝派来的人。愿上帝保佑中国和她的人民。

习近平以心相交、高效务实的外交风格为中国赢得了整个非洲，也交到了更多朋友。

时任外交部非洲司司长　林松添：

当我们南海面临压力，非洲有39个国家政府，没有任何犹豫地站起来声援我们。这在非洲国家发展史上，对一个国家的地区问题站起来发表政府声明、声援，我看在中非关系史上，在非洲的外交史上也没有的。

伴随习近平的出访足迹，人们更多地看到他富有人情味的“友情外交”。2016年3月，捷克布拉格拉尼庄园。这是捷克总统泽曼第一次在自己的官邸接待外国元首，显示出他和习近平之间的意气相投和特殊情谊。

捷克总统　米洛什·泽曼：

这是一个感情上的礼物。因为我们了解到您的父亲曾经送您一双捷克鞋，所以我们准备了三双。

习近平：

当时小的时候能够穿上你们的鞋感觉到很神气的。

习近平：

这种椅子是我们明代的样式。这个线条非常简单明快，还有垫子。

捷克总统　米洛什·泽曼：

感谢。非常漂亮的椅子，我将来肯定会天天用。

从漫步庄园到参观图书馆，70多岁的捷克总统泽曼始终陪伴在习近平左右。两人之间的谈话，更像老朋友之间的交流。

捷克总统　米洛什·泽曼：

为捷克和中国的友谊干杯！

习近平：

这一次的访问可以说是惊喜连连，直到要离开的时候。

捷克总统　米洛什·泽曼：

我们今天的分离是为了将来的重逢。

习近平：

来日方长，后会有期！我们还有很多的见面机会。

习近平开启了“友情外交”的新形式，在走亲戚、交朋友、拉家常的轻松氛围里拉近了彼此的距离。这种带有家的味道的外交，让人感受到领导人的人格魅力，也创造了不少外交佳话。2013 年 9 月，习近平访问哈萨克斯坦，纳扎尔巴耶夫总统打破常规，主动提议乘坐中方专机飞赴阿拉木图。两人在飞机上共进早餐，促膝相谈。分别时，两人依依惜别。

哈萨克斯坦总统　纳扎尔巴耶夫：

祝您一路平安，谢谢您。

习近平：

您也保重，这两天也好好休息一下，我们彼此还要见面。

每次出访，习近平赠送给外国领导人的国礼都让人感受到他的细致和体贴。

习近平：

按中国的风俗，每个人都有属相。您属马，所以我们就画了一幅骏马图。预示着您的事业和国家的事业像千里马一样地奔腾。

祖马送给习近平的礼物是一个黑色沙发。在非洲，这样的礼物只会赠送给最尊贵的人。

南非总统　雅各布·祖马：

这个沙发在某种程度上也显示了友谊，因为只有朋友间才会坐下来促膝交谈。

习近平：

累的时候就坐在这张椅子上面。

礼物是外交礼仪的一部分，更是情感的传递。而在生日期间送出的礼物和祝福，更能拉近心与心之间的距离。2013 年 4 月 7 日，博鳌亚洲论坛年会开幕式当天，参加会议的芬兰总统尼尼斯托的夫人收到一个惊喜，习近平和彭丽媛夫妇送出的生日蛋糕。

芬兰总统　绍利·尼尼斯托：

突然送进一个大蛋糕。紧接着音乐响起来了。在场的各国领导人一起唱起了"祝你生日快乐"。我终身难忘。这是主席夫妇给予我们的一份非常美好的礼遇。

朋友越走越亲，关系越聊越近。习近平的"友情外交"推进国际关系，积累友善民意，日益成为中国外交的一道靓丽风景，不断提升中国的软实力和全球影响力。英国《每日电讯》将习近平在外交上的多种创新评价为"习式外交"。这不再是以往正襟危坐下的严肃交谈，休闲式的活动显得灵活主动，刚柔并济，有时候甚至出其不意，让人们从中感受到了习近平的"自信""睿智"和"真情"。

有"中美洲瑞士"之称的哥斯达黎加，曾经被评为全球幸福指数最高的国家之一。82 岁的马尔科 · 萨莫拉是当地一个小型咖啡种植园的农场主。2013 年 6 月，萨莫拉一家迎来了一位远道而来的特殊客人。

习近平：

很高兴来看你们。

习近平：

什么时候成熟？大概还有多久要成熟？

咖啡种植园农场主　马尔科 · 萨莫拉：

5 到 6 个月。11 月到 12 月是我们收获咖啡的季节。

习近平：

咖啡的市场价格好不好？

咖啡种植园农场主　马尔科 · 萨莫拉：

现在不太好。价格有点下跌。

从客厅到卧室，再到厨房，萨莫拉向习近平详细介绍了自家三代 12 口人的生活情况。随后，习近平和萨莫拉一家人围坐在院中的小木屋里，边喝咖啡边唠起家常。

习近平：

来这里就有这么一个期望，看一看我们人民的生活。我也是来自于基层，我做了 7 年的农民。然后做村长，做县长，做市长，做省长。可以说我和普通群众都有着很天然的感情。

咖啡种植园农场主　马尔科 · 萨莫拉：

他的话让我们非常骄傲，之前我因为农民的身份而感到羞愧，但是当他这么说的时候，我想我选择成为农民并没有错。

咖啡种植园农场主之子　阿尔贝托·萨莫拉：

很少有元首能够因他曾经是农民而自己感到骄傲的。有一些元首将这段经历抹掉，但是习主席并没有将自身的农民经历抹去，反而凸显了他的这段经历，对我们来说真是印象深刻。

中国领导人的平民情怀打动人心。不少当地媒体把习近平誉为务实的中国梦的缔造者，详细介绍他为缩小中国贫富差距作出的不懈努力。

习近平：

我们要有很多的时间，到中国的农村、工厂，去和普通的群众见面，去了解他们的喜怒哀乐、冷暖安危。但是我们现在还有很多的贫困人口。所以我们下一步还要集中力量，把中国的贫困人口的问题解决一下。这可能是以后我很重要的一个任务。

咖啡种植园农场主之子　阿尔贝托·萨莫拉：

我认为这才是人民所期待的政府。有时候人们能从新闻中看到国家领导人真正关心的是什么，习主席不是一位只待在办公室办公的主席，而是经常走访工厂、学校、农村的主席，我们能看到他真正关心的是什么，能看到他为了减贫所作出的工作。

习近平：

我们俩吃一块就行。

这个细微的举动让人感觉到，习近平夫妇就像一对普通的邻家夫妻。

聊天的时候，萨莫拉年仅五岁的小外孙女玛丽亚娜始终依偎着彭丽媛。告别时，彭丽媛送给小外孙女一只熊猫玩具。

咖啡种植园农场主外孙女 玛丽亚娜·萨莫拉·罗哈斯：

她对我非常温柔。因此我觉得她像我的妈妈。

玛丽亚娜告诉我们，这是她最珍爱的玩具。四年来，她每天晚上要用自己小时候的被子细心地给小熊猫盖好，陪它入睡。

咖啡种植园农场主外孙女 玛丽亚娜·萨莫拉·罗哈斯：

我很喜欢它。因为有时候我睡不着，只要一抓住它，我就能睡着了。

当地有影响力的《民族报》以《第一夫人用熊猫点亮孩子的笑脸》为标题报道了彭丽媛和小女孩的故事。彭丽媛的柔性外交在润物细无声中，彰显了中国的软实力。2015 年 9 月，随同习近平主席出访美国期间，作为世界卫生组织防治艾滋病亲善大使，彭丽媛在联合国的讲台上讲述了她和艾滋孤儿高俊的故事。无论国内国外，彭丽媛心中总挂念着千千万万的孩子。在刚果，彭丽媛抱起一名瘦小的艾滋孤儿，搂在怀里，细心地托住孩子后背。带着母亲般的慈爱和柔情，化身亲善的使者，彭丽媛把温暖与力量带给世界各地的孩子们，也让中国优雅温情、博爱包容的大国形象深入人心。

出访结束的时候，习近平通常会主动和机场地勤人员一一握手表示感谢，并和大家合影留念。

习近平：

专机停到这儿得到这么好的保障，谢谢。

习近平这一句真诚的感谢深深地感动了巴西空军基地的官兵。

巴西空军基地空军军官：

主席先生，我们基地的所有官兵将您评选为到过巴西空军基地的最和蔼可亲的国家元首。

外交部翻译　孙宁：

正式送别的官员告别之后，一定会抽出时间专门转身，对着所有他贴身的（对方）警卫去对他们表示感谢。这个是常态，每一次访问都会有这样的场景。实际上对于身边的这些中方的工作人员，习主席也是特别地照顾，比如说我们做翻译，坐在身后的是没有办法吃饭。无论是习主席，或者是彭教授，有的时候直接就会把他们桌上的面包，或者是甜点直接就拿盘子就给我们，包括把他们桌前的水，或者是咖啡，直接就递给我们，说你们先垫一垫。

习近平的亲民范儿和平民情怀已经成为全球媒体的热议话题。他和英超曼城俱乐部球星阿奎罗的自拍照引来了不少网友点赞。在不少人看来，习近平就像一位隔壁的长辈、串门的邻居，平易近人，质朴可亲。透过他的一举一动，人们更加了解中国，亲近中国，喜欢中国。

2014 年 2 月春节期间，当中国人阖家团圆庆祝节日的时候，习近平专程前往俄罗斯索契出席冬奥会开幕式，开创了“点穴式”外交。访问期间，他接受了俄罗斯媒体采访。

习近平：

我对于足球、篮球、排球、网球都很喜欢。作为国家领导人，我们已经以身许国。工作肯定是一种超负荷的状态，但是也要注意一张一弛，劳逸结合。比如我本人现在还是抽出时间来游泳，一天一千米。我和普京总统包括和美国奥巴马总统都说起来共同的体会，磨刀不误砍柴工，不花一点时间来进行体育运动，我们到时候会崩溃。他们也都是很会心地一笑。

访问期间，作为国家主席，习近平亲自担当起中国申办冬奥会的“形象大使”，向国际奥委会主席巴赫介绍中国申办2022年冬奥会的初衷。

习近平：

我想可以引起他重视的、可以打动他的是我的一个观点。我说叫作这个冰雪运动不出山海关，关外也就是一亿人，如果能够把这个项目在关内推广，比如说在北京、张家口举办，恐怕就会带动起两三亿人。

2014年8月15日，习近平专程前往南京，出席即将举行的夏季青年奥林匹克运动会开幕式。下飞机后他没有休息，直奔训练场馆看望小运动员。

习近平：

你多高啊？

焦海龙：

我叫焦海龙，来自山东，两米零六。

习近平：

我年轻的时候练过拳击。刚才看他那个勾拳还是比较好，咱们国家运动员用勾拳的不多，你看欧洲运动员的勾拳还是很有威胁。直拳、摆拳还可以。

习近平：

通过这个活动可以展示我们中国青少年的风采，看看中国孩子什么样，再就是通过这个活动让我们的青少年和世界的青少年有个交流机会。

习近平希望每名运动员都是一个平民外交的参与者，与世界各国青年在这个竞技舞台上相互交流。

习近平：

交一些好朋友，对你们来讲也是开阔眼界，了解世界之大。中国为什么会进步？中国就是海纳百川，我们是一个开放的心态，开放地去迎接世界，然后集其大成，这就是中国办各种活动应有之义。

习近平在国际舞台上有“足球先生”之称。出访期间，不少人赠送习近平印有他名字的球衣作礼物。在美国，林肯中学的学生送他一件寓意是踢出开局一球的 1 号美式足球球衣。在阿根廷，习近平收到了象征球队核心的国家队和博卡青年队两件 10 号球衣。

习近平：

我是一名足球爱好者，但是我现在对中国的足球有种紧迫感。它也不是可以一蹴而就的事情，关键是要找出一个符合中国国情的足球发展的路径，培养好下一代，从娃娃抓起。

在习近平的推动下，越来越多的中国青少年开始在海外接受足球培训。出访期间，他经常在百忙中抽出时间看望在国外踢球的孩子们。在德国，来自陕西省志丹县少年足球队的金巧巧不仅向习主席赠送了自己球队的队旗，还好奇地问习主席最看好中国的哪支球队。

习近平：

哪里的球队？

金巧巧：

中国的。

习近平：

哎呀，这个我就不好说了。我看好你们。我看好你们这一代。将来能够成为出色的足球运动员。最好在你们里边出现球星，出现国际球星，这是我的愿望。寄希望于你们。

金巧巧：

见他的时候我就是特别不敢相信，我感觉他应该高高在上，应该特别严肃特别严厉。但是见到他之后跟他交流完，我就感觉（他）是那种特别慈祥和蔼的人，就像家里边爸爸那样的人，对你特别亲那种感觉。

足球不仅是习近平的个人爱好，也蕴含着振兴国家的精神力量。2017 年 6 月，习近平在北京接见国际足联主席因凡蒂诺，阐述了自己对足球文化的理解：足球运动的真谛不仅在于竞技，更在于增强人民体质，培养人们爱国主义、集体主义、顽强拼搏的精神。他希望积极向上的足球文化成为中国人民实现中国梦的正能量。

2017年1月，习近平在瑞士洛桑会见国际奥委会主席巴赫，再次阐明办好冬奥会对中国具有重大而特殊的意义。

习近平：

我们的全民健身计划就是国民幸福计划，我们还希望中国人活得更长一些，并且健康地活着。所以我们现在有一个全民健康计划，这和我们的合作都是密切相关的。而这就和我们2020的全面小康目标是吻合的。

国际奥委会主席　托马斯·巴赫：

我们国际奥委会非常欣赏习主席所倡议的把体育作为非常重要的一部分，融入到中国人的生活中去，尤其是体育融入教育中去。

阿根廷前众议长　胡里安·多明格斯：

毫无疑问，习主席作为世界上最重要大国之一的领导人，对体育非常热情，推动体育，传播体育，重视体育，促进了国家之间的了解。

国外许多媒体评价习近平的足球外交是一大创新。通过足球，人与人、国与国之间的友谊建立起来。

一位卓越的领导者，不仅关注当下的发展，更加具有穿透未来的眼光。习近平在很多国际场合深入浅出地阐释中国传统文化中蕴含的协和万邦的理念。

习近平：

中国需要和平就像人需要空气一样，就像万物生长需要阳光一样，睦邻友邦，天下大同，这样的理念世代相传。

习近平：

中美友好，根基在民众，希望在青年。

青年是国家的未来、世界的希望。2015年9月，访美期间，习近平在繁忙的外事活动中访问了位于塔科马市的一所平民学校——林肯中学。

林肯中学女学生：

我喜欢去体验一些中国传统和现代的地方，包括上海。

习近平：

要看千年的中国去西安，看五百年的中国去北京，看一百年的中国去上海。但是每一个城市，哪怕千年的、百年的、几十年的，都有现代的一面，你们会在中国看到一个绚丽多彩的社会图景。

林肯中学男学生：

我想去了解中国的文化、民众和城市。我也非常想去。

习近平：

中国人非常好客，像对待你一样对待所有外来的很多好朋友。

为了让这所学校的孩子们更多地了解中国，习近平不仅赠送给林肯中学《唐诗》《宋词》等满满三个书架的书籍，还有寓意深远的乒乓球器材。

习近平：

这个乒乓球虽然小，比橄榄球要小得多了，但是它对中美关系的意义是重大的，当时叫做小球带动大球转。这个大球指的是地球，因为当时的中美关系从此进入了一个新的阶段，重新交往的大门由小球给撞开了，所以我也希望我们两国的青少年通过传承这样一种乒乓外交的精神加强交流，增进友谊。欢迎大家去中国走一走看一看，体验和感知中国。在此，我愿邀请林肯中学100名学生明年到中国去做客。

一年以后，林肯中学的118位师生应邀访问了福州、成都等地。这些学生中有25人因家庭收入低，生平第一次坐飞机。面对学生渴望在北京见到习主席的愿望，正在出国访问的习近平，特地给孩子们写了一封信。信中写道："希望你们把在中国的见闻和感受告诉身边的人，让更多美国民众认识和了解中国。"

在习近平的倡议下，中埃、中拉文化交流年等诸多文化年活动相继举行，开启不同文明之间的交流对话。2016年11月，在秘鲁利马APEC会议期间，习近平出席了中拉文化交流年闭幕式并参观"天涯若比邻——华夏瑰宝展"。

习近平：

号称是世界的第八大奇迹。直到现在它的主陵墓，还没有挖掘，还保留在那个状态。我的祖先还比较魁梧吧。

秘鲁国家考古人类学历史博物馆馆长　伊万·盖齐·索利斯：

习主席亲自与（秘鲁）总统一行参观了华夏瑰宝展，展示了他深厚的文化底蕴，对于我们这些从事博物馆工作的人来说印象深刻。

习近平：

海明威的《老人与海》对狂风暴雨、巨浪小船、老人鲨鱼的描写给我留下了深刻的印象，我第一次去古巴就专程到海明威当年写《老人与海》的栈桥边去体会。

出访时，习近平在不同场合讲述自己读书的故事，不仅让人们感受到他深厚的文化底蕴，也拉近了和当地民众的距离。美国出版的《习近平时代》一书这样评价：他总会以典雅蕴藉又高度概括的经典名句来传达思想。

习近平：

贵国诗人阿方索·雷耶斯也曾说过，唯有益天下，方可惠本国。

在瑞士，习近平向世界卫生组织赠送针灸铜人雕像，展示博大的中医药文化。

法国前总理　让-皮埃尔·拉法兰：

我认为习主席是全球承认的世界性的领导人，中国的稳定让他能够多次出访各国，会见各国领导人，因此他是寻求和平的多边主义大使。

习近平：

这个老城已经有一千多年的历史了。一千多年前，这里也是一个国都。这是中国的爱情之都。中国版的罗密欧与朱丽叶就诞生在这里，梁山伯与祝英台。

G20峰会期间，习近平把杭州变成“会客厅”，亲自向外国政要推介中华文化。尚和合、求大同的中华文明，以更自信的面貌屹立东方。

习近平：

国之交在于民相亲。人民直接交往是加深国与国友谊最有效的方式。加强文明对话和文化交流，不仅各美其美，而且美人之美，美美与共。

五年来，习近平的出访足迹跨越万里，覆盖全球。不忘初心的使命担当，重信守诺的风范品格，协和万邦的价值信念，以民为本的仁爱情怀，兼济天下的开放胸襟，自信包容的文化气度，天下大同的理想追求——这是元首外交的魅力，更塑造着中国特色大国外交的风格与气质。

中国特色大国外交，致力于构建以合作共赢为核心的新型国际关系。如今，我们的“朋友圈”覆盖全球。

中国特色大国外交，奏响北京APEC、杭州G20、“一带一路”国际合作高峰论坛“三部曲”，谱写促进全球治理新乐章。

中国特色大国外交，为国家利益护航，为民族福祉奔忙，为和平正义担当，赢得国际社会广泛尊重。

中国特色大国外交，以“一带一路”统领对外开放。两条纵贯东西、跨越南北的弧线，联通中国与世界，更搭起通向未来的桥梁。

登高望远天地阔，纵横捭阖自从容。立时代之潮头，发思想之先声。一系列外交新理念新思想新战略，为变革的世界提供中国智慧，成为激荡寰宇的时代强音；一系列外交新实践新创举，让各国同声相应、同道相成，汇聚起和平发展的磅礴力量。

在以习近平同志为核心的党中央的坚强领导下，中国正前所未有地走近世界舞台中心，中国梦与世界梦从未如此相融相通。迈向复兴的中国将与世界携手前行，为推进和平与发展事业、构建人类命运共同体作出新的更大贡献！

本片由中共中央宣传部、新华通讯社、中央电视台联合制作。

本书视频索引